프로바둑강좌 · 중급이상 ②

알기 쉬운 결과 판단법

9단 小林光一 지음
프로바둑연구회 편

太乙出版社

독자 여러분에게

'결과 판단법이란 무엇입니까 ' 하고 이따금 아마츄어 여러분으로부터 질문을 받게 될 때가 있습니다.

실제로 텔레비나 바둑 잡지의 해설에서 돌을 빼내기도 하고 순서를 바꾸기도 하여 '결과를 판단하면 이렇게 됩니다 ' 하고 한 마디로 말하는 경우가 있습니다. 그래서 그에 대한 결과에 이유를 잘 붙여서 설명하는 것인가 하고 막연하게 해석하고 있는 사람도 있을 것으로 생각됩니다.

그러므로 나는 쉽게 또 본격적인, 알기 쉬운 결과 판단법의 가이드북을 정리하기에 이르렀읍니다.

결과 판단법이란 한 마디로 말하면 이루어진 결과도(結果図)를 합리적으로 설명하는 것이며 그 선악을 판단하는 것이지만, 거기서 그치지 않고 여러 가지 이용법이나 효력에 대해서도 연구하게 됩니다.

그 하나가 결과 판단에 익숙하므로써 돌의 움직임, 모양 등에 민감해집니다. 결과를 판단해 보고 나쁜 결과가 나오는 것은 꼭 어딘가에 돌의 능률이 좋지 않은 점이 있는 것입니다.

둘째로 그렇게 됨으로써 지금까지 맹목적으로 두고 있던 정석이나 순서의 의미도 이해할 수 있게 되고 자신의 결점도 확실하게 알게 되는 것입니다. 바둑은 아무리 번수(番數)를 잘 요리하여도 아류(我流)로서는 언제까지나 상달(上達)을 기대할 수가 없읍니다. 그 때 그 때의 결과 판단에 정확 능숙함으로써 한정된 좁은 세계에서 한 발 내딛게 되는 것입니다.

　세째로 그러한 일로부터 필연적으로 바둑을 두는 데　그치지 않고 일국 일국을 소중하게 한다는 것입니다. 대국자가 서로 냉정한 감상을 말하기도 하고 자기 나름대로 체크하므로써 알맹이 있는　바둑의 기법을　습득하게 될 것이며 즐길 수가 있을 것입니다.

　네째로서 직접 실전이나 실력에 연결되지 않더라도 프로나 아마의 고단자들의 바둑을 감상할 때의 이해력이　증진되고 보다 깊은 즐거움을 느끼게 될 것입니다.

　본래 결과 판단법이란 고도한 것입니다. 이 책을 읽고 금방 실전에 사용한다는 것은 무리인지도 모릅니다.　거기에는 아무래도 거기에 걸맞는 어느 정도의 기력과 이해력이 필요합니다. 그러나 그렇다고 해서 초조해 하지 말고 착실히 '바둑 과학'에 친밀해지기를 바랍니다. 그러는 동안에 꼭 이해할　수 있게 될 때가 도래할 것입니다.　그 때야말로 당신의 기력과 바둑에 대한 이해력은 이전과 비교해서 놀라울 정도로　높은 레벨에 도달하고 있을 것입니다.

저 자.

✳ 차   례 ✳

6

제 1 장 / 결과 판단법의 기본, 세가지의
포인트·······························55

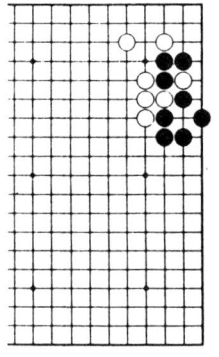

포인트 1 제 1 형 A

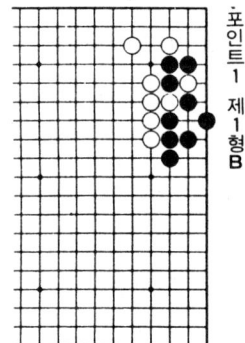

포인트 1 제 1 형 B

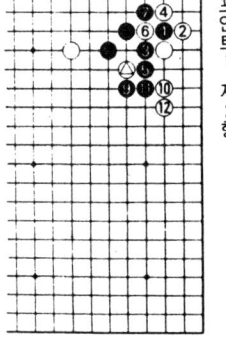

포인트 1 제 2 형

포인트 1   기본형과 비교해 본다
 제 3 형   흡사한 그림 속의 어느 것이 제일
          좋은가 · *68*

포인트 1   기본형과 비교해 본다
 제 4 형   손실처럼 보여도 한 눈의 차이도
          없다 · *73*

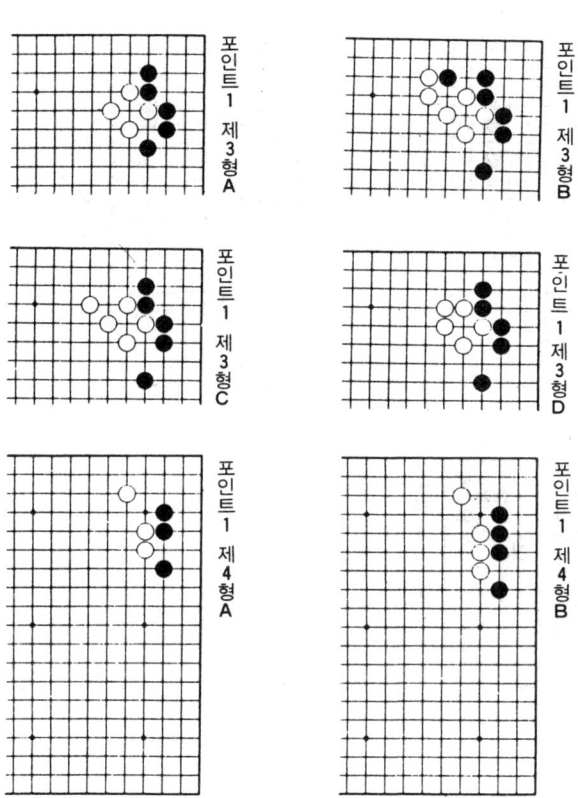

포인트 1 제 3 형 A

포인트 1 제 3 형 B

포인트 1 제 3 형 C

포인트 1 제 3 형 D

포인트 1 제 4 형 A

포인트 1 제 4 형 B

8

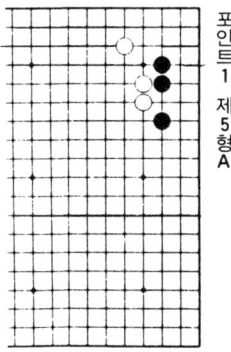

포인트 1　제 5 형 A

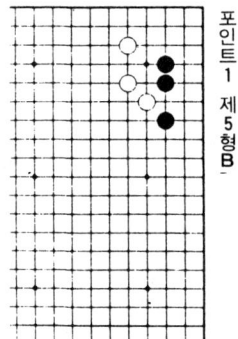

포인트 1　제 5 형 B

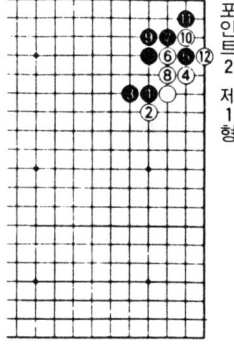

포인트 2　제 1 형

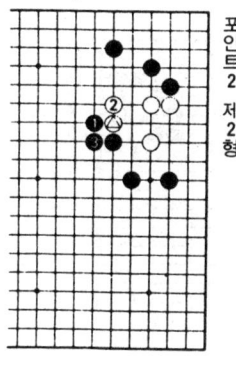

포인트 2 제 2 형

포인트 2 제 3 형   **9** 이음

10

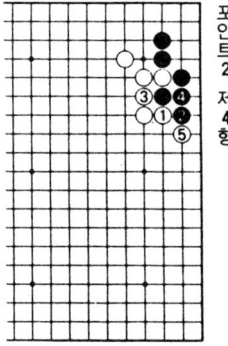

포인트 2 제 4 형

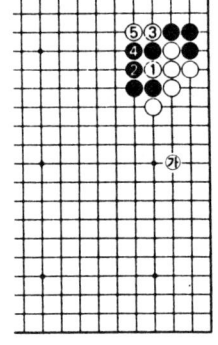

포인트 2 제 5 형 흑선

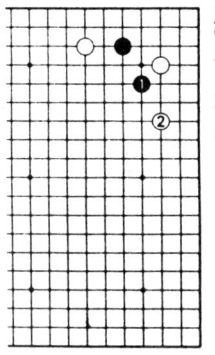

포인트 3 제 1 형

제 2 장 / 결과 판단으로 덕을 보는 실전 테크닉

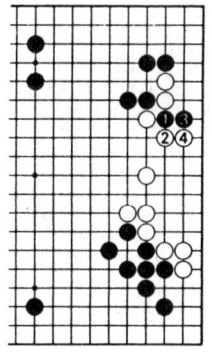

제 1 형

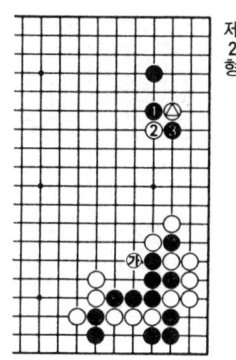

제 2 형

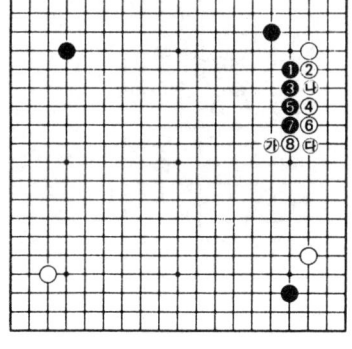

제 3 형 흑선

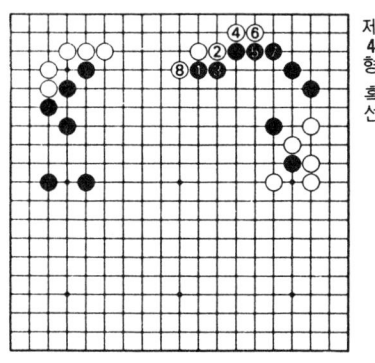

제
4
형

흑선

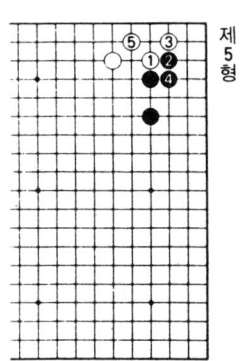

제
5
형

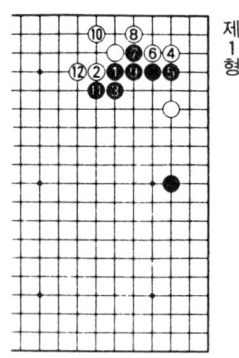

제
1
형

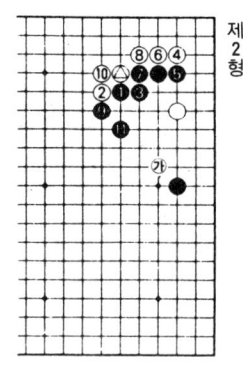

제
2
형

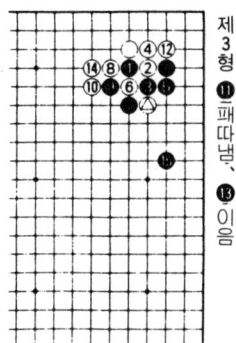

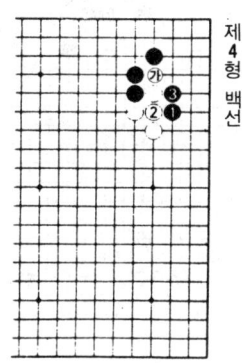

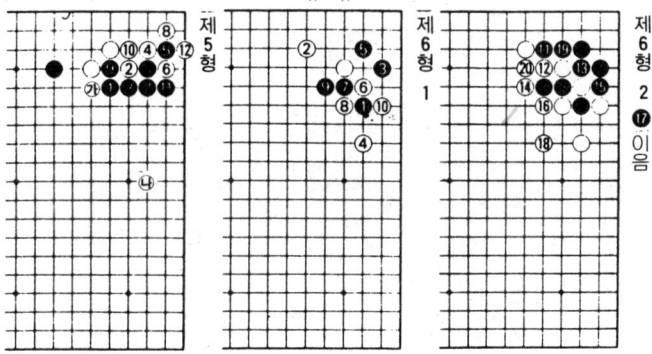

14

제 4 장 / 실전 응용, 이것이 희생 작전이다

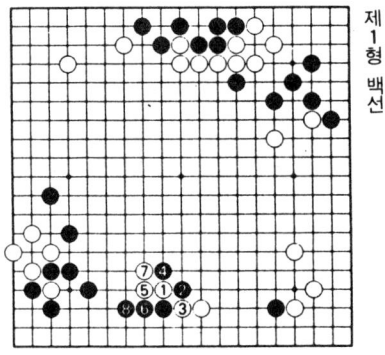

제
1
형
백
선

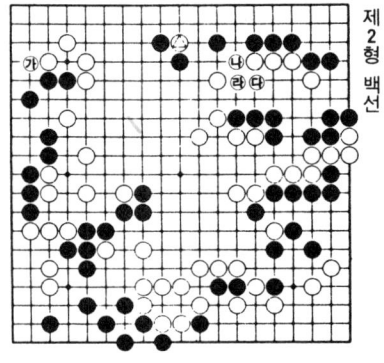

제
2
형
백
선

마크의 뜻	
◎	중요함
☺	백이 좋음
☻	흑이 좋음
㋐	백이 나쁨
㋐	흑이 나쁨

서 장

기능 있는 형, 없는 형

이 장(本章)의 포인트

결과 판단의 본래의 목적은 돌의 효율, 기능의 현황을 알아보는 데에 있다.

돌의 기능이 불충분하고 효율이 좋지 않은 형이 되면 실제로 결과 판단을 해보아도 그 결과는 나쁘게 나오는 건 확실하다.

구체적으로 어느 수가 나쁘고, 어느 정도 나빴는가는 다음 장 이후에서 배우는 결과 판단법에서 잘 알게 되지만 우선 중요한 것은 그러한 설명 전에 돌의 형과 모습 자체에 민감해져야 한다.

기능 없는 형 이라고 하면 누구나 머리에 떠오르지만 빈 삼각이나 양엿보기 등의 악형을 생각하게 될 것이다. 확실히 이것들은 기능 없는 형의 대표적인 예이지만 실전에서는 그것들이 복잡하게 조립되어 나타날 때가 많다. 아무리 단편적인 악형을 머릿속에 넣고 있어도 그것이 실전 장면에서 의식할 수 없으면 의미가 없다. 그래서 이 장에서는 기본형을 그의 응용형과 패턴적으로 뒤섞어 독자의 이해를 촉진시키기 위해서 제시했다.

그런데 돌의 기능에서 어려운 것은 포석이나 전국의 문제이다. 부분적인 문제는 시각적으로도 그 선악을 분별하기 쉽지만 포석이 되고 보면 추상적이어서 파악하기가 어렵다. 그러나 돌의 기능에서 정말 중요한 것은 이 포석에 있다. 그 점을 인식하기 위해서도 약간 고도의 것이 되지만 이 장의 끝에 포석에 대한 기능이라고 하는 테에마를 선택하여 게재하였다.

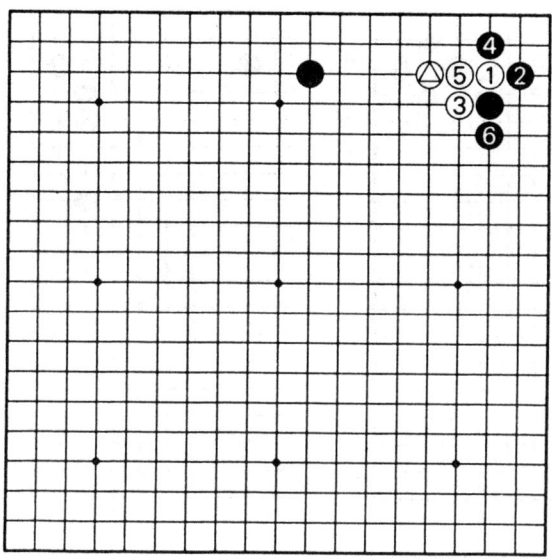

제 1 형

빈 삼각은 우형(愚形)의 견본

빈 삼각이라고 하면 우형의 대표적인 형. 형이 둔중하여 돌의 기능이 약하기 때문이다. 우선 특별한 일이 없는 한 실전에서 이 형이 만들어지면 나쁘다고 보아야 한다. 기본도(図)는 백의 걸기에 3칸 협공에서 나타나는 순서이다. 백 3 까지는 좋다고 하고 다음의 흑 4 의 맞댐에 5 로 이어진 것이 큰 악수(惡手). 3·5·⚫의 세 점이 빈 삼각의 형. 흑 6 으로 뻗어 백은 눈 모양을 잃고 무거운 형태가 되어버렸다. 흑 6 까지 이것이 얼마나 나쁜가 알아보자.

18

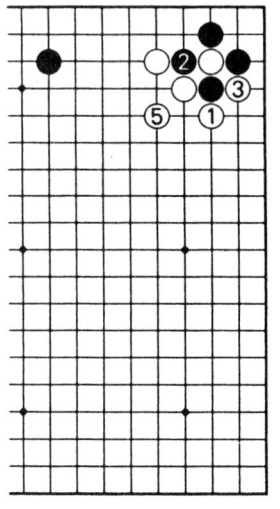

1 도 바른 응접

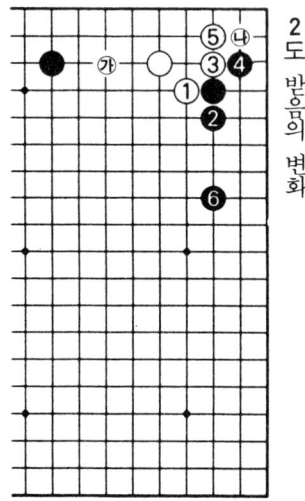

2 도 받음의 변화

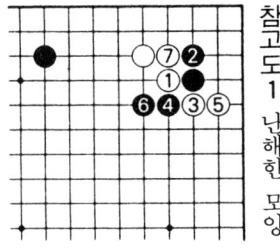

참고도 1 난해한 모양

1 도

기본도 흑 **4** 의 날개에 본도, 백 **1** 로 다시 맞댐을 하는 것이 바른 응접. 백 **5** 까지, 실리 대 외세로 우열의 분기점.

2 도

1 도 의 변화를 백이 싫어하면 백 **1** 의 대각 붙이기로부터 가는 것이 상용 수단. 흑 **2** 의 「뻗음」이라면 백 **3**, **5** 의 뛰어내림 이다. 이 형은 ㉮와 ㉯가 대응하는 점으로 되어 있어 백은 이 부분에서 마무리짓고 있다.

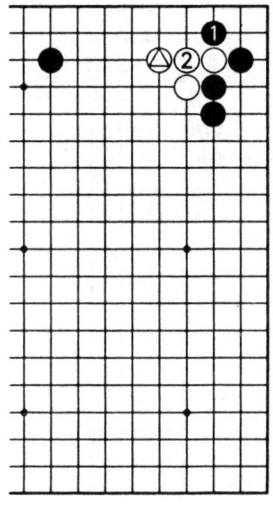

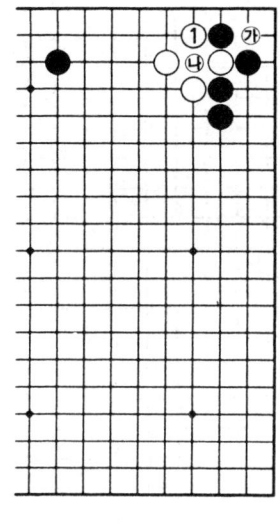

3도

여기서 기본도의 분석을 구체적으로 조사해 보면 2도, 혹 4의 뛰기에 백은 수를 빼고, 이 그림 혹 1로 뛰기를 당한 형과 같은 것이 된다. 다시 백 2의 계속. 이것으로 기본도와 같은 결과로 돌아가 있다. 말할 것도 없이 이 그림, 백 1로 내려가지 않고 혹 1로「맞댐」을 당하면 백은 가지 못한다.

4도

3도의 백 2에서는 아직도 1로 패의 모양으로 받고 있을때, 이거라면 ㉮의 자르기도 겨눌 수 있어 끈기가 있다. 또 백 1에 혹 가로 붙게 되면 효과를 볼 수 있다. 그렇게 되면 역시 ㉯의 점에 백은 이어지지 않을 것이다.

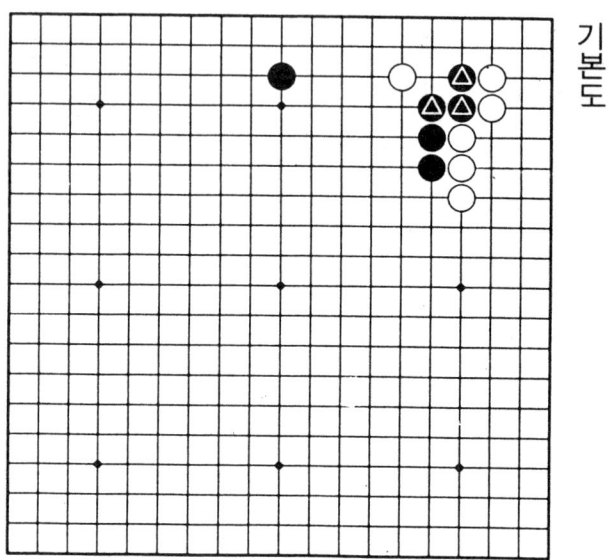

제 2 형 접바둑의 정석에 흔히 나오는 「빈삼각」

앞의 형에서 지극히 쉬운 '빈 삼각'의 예를 보았으나 사실은 이 '빈 삼각'은 실전에 나오기 쉬운 형이다. 앞의 형처럼 단순히 그것과 같은 경우에는 누구나 알게 되지만, 그것이 약간 응용된 형으로 변하게 되면 의외로 알기 어렵다.

예를 들면 기본도와 같은 예다. 이것은 바둑에서 흔히 볼 수 있는 형이다. 백의 돌의 형태는 무익한 곳이 없는 반면에 혹은 어딘가 돌에 뻗는 힘이 결여되어 있다. 실은 흑⦿의 3 점이 빈 삼각이다.

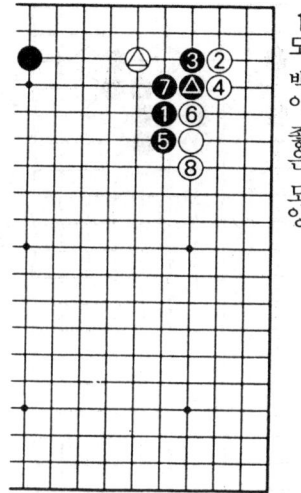

1 도 백이 좋은 모양

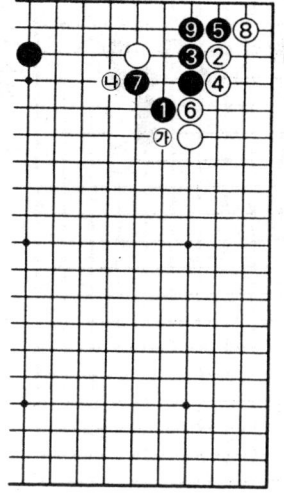

2 도 정석 수순

1 도

기본도가 될 때까지의 순서를 나타내 본다. 흑의 화점에 백의 협공으로부터 나타난 형이다.

흑 1 로 마늘모(약간 미지근한 수지만),백 2 의 3·3 들어가기는 상용의 수단. 흑 3 , 백 4 의 교환 후, 흑 5 의「밀기」가 악수. 백 6 이 급소의 맞댐에 흑은 울면서 7 로 이어지고 여기에 3·△·7의「빈 삼각」이 출현하게 되었다.

△의 한 점은 아직도 여러 가지 의미를 남기고 있어서 백의 결과 양호.

2 도

이 그림이 정석으로 되어 있다. 순서중 흑 5 의「뛰기」가 안목, 7 , 9 로 흑의 형이 정리되었다. 그 후 ㉮의 점이 쌍방의 급소. 이 분위기는 변의 흑이 백 ㉯로 간질으는 줄기가표적으로 되어 있어 약간 흑이 둔하지만 1 도보다 흑은 낫다.

22

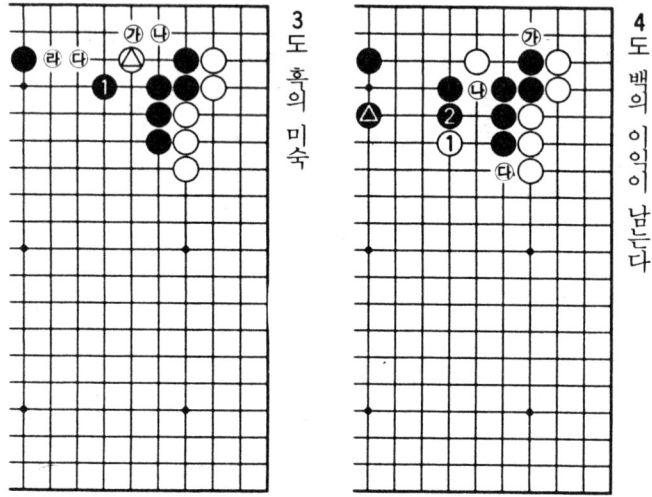

3도 흑의 미숙

4도 백의 이익이 남는다

3도

1도의 흑이 구체적으로 어떤 줄기가 표적이 되어 나쁜 것인가 그것을 설명한다. 1도의 뒤, 흑은 1로 「걸기」를 할 정도. 그러나 그것으로 아직 ⓐ의 한 점이 완전히 죽은 것은 아니다. 백 ㉮나 ㉯의 효력이 있는 줄기에서 ㉰로 움직여도 간단한 수. 또 국면에 따라 ㉱로 붙이는 줄기도있는 곳이다.

4도

그 뒤 ●등이 가해지고 상변이 흑 자리가 되었다고 해도 다시 백 1로 위에서의 효력이 남게 된다. 백 ㉮의 「뛰기」에서 ㉯의 출발이 언제나 표적으로 되어 있어 흑도 2로 조심해야 하는 것이 괴롭다. 백 ㉰가 가해지면 더욱 더 유력해질 것이다.

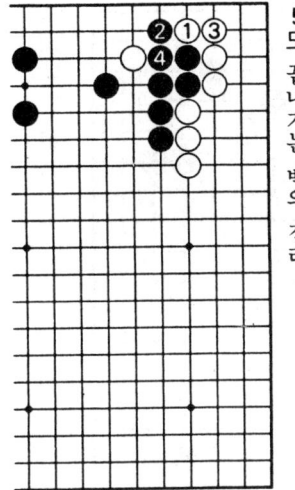

5 도
끝내기는 백의 전리

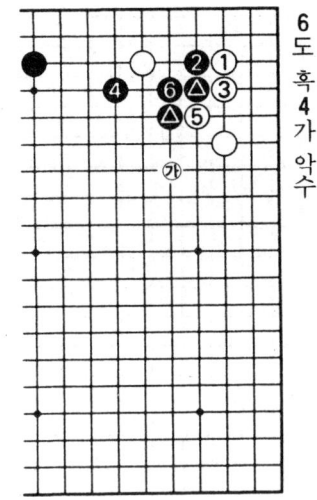

6 도
흑 4 가 악수

5 도

상변이 흑 자리가 되었다고 해도 백 1 로 뛰어서 흑 4 까지, 백이 선수로 큰 끝내기를 두게 되는 것이 괴롭다. 이 「빈 삼각」의 형은 언제까지나 고민이 풀리지 않는다.

6 도

이 그림도 흔히 실전에 나오는 형이다. 흑 4 가 나쁘고 백 5, 흑 6 이 되어 역시 ●으로 6 의 「빈 삼각」의 출현.

말할 것도 없이 흑 4 로서는 ㉮로 뛰어 두는 것이 정석이다. 흑 ㉮로 두고 있다면 백 5, 흑 6 으로 강요되어 흑은 크게 대비할 수 있어서 그다지 통증을 느끼지 않는다.

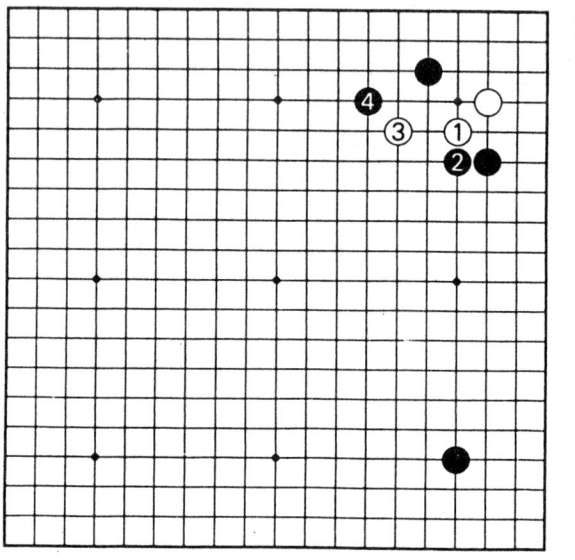

제 3 형
유행 정석 속에 숨겨진 우형의 표적

앞의 형에서는 「빈 삼각」의 기본적인 예를 화점의 정석과 관련시켜서 조사해 보았으나 여기에서는 「빈 삼각」의 약간 고급적인 응용의 예로써 흔히 두는 호선(互先) 정석을 예를 들어 설명한다.

이 정석의 순서 중에는 당연히 「빈 감각」의 우형은 나오지 않으나 틀리게 되면 「빈 삼각」의 함정에 빠지게 되는 변화가 숨겨져 있다. 문제는 이 이후의 진행에 있다.

이렇게 되고 보면 백 1 은 ㉮ 근처에 있는 것이 형태를 보아서 당연하며, 이 그림은 백이 「빈 삼각」으로 되어 있어 기능이 없는 형이다. 흑㉯의 표적이 되어 있는 것이 괴롭다.

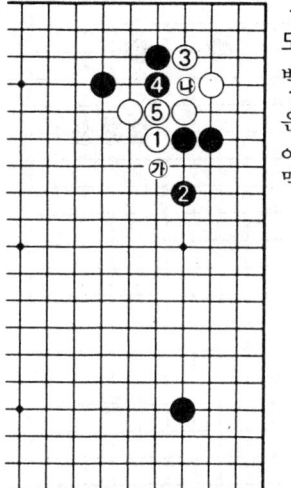

1 도 백 1은 이 맥

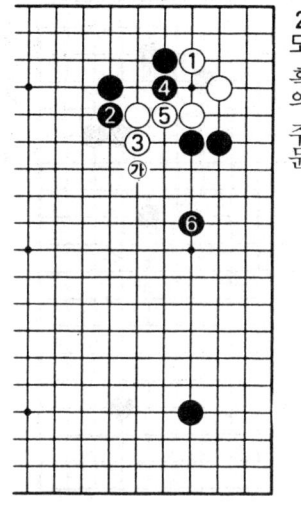

2 도 흑의 주문

참고도 1 나눔 흑의 만족한

1 도

이 후, 백은 1 로 팽창하는데, 그러나 이것이 흑의 표적이었다. 흑 2 로 받아 백 3 으로 구석을 지키려고 하면 흑 4 의 자리가 마침 좋은 조건을 가지고 엿보게 된다.

2 도

단순히 백 1 로 '마늘모 붙이기'를 하는 변화는 흑 4 까지 백 3 이「빈 삼각」의 우형. 당연히 ㉮에 잇고 싶은 데다.

참고도 1

흑 2 에 백 3 으로 받으면 흑 4 로 봉쇄하여 흑은 만족이다.

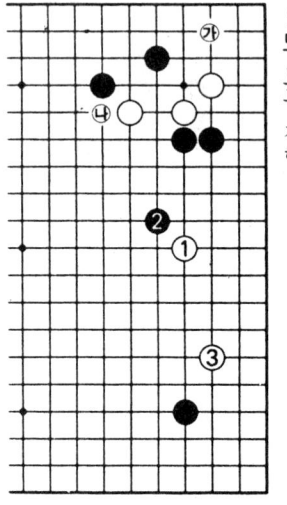

3 도 보통 진행

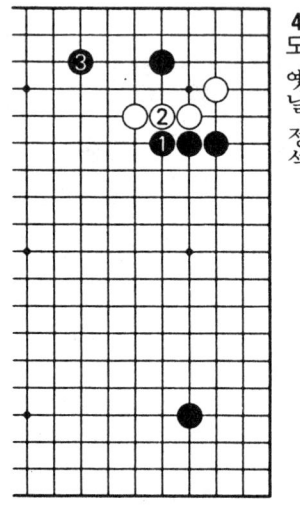

4 도 옛날 정석

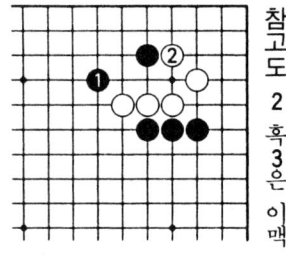

참고도 2 흑 3 은 이 맥

3 도

결국 백으로서는 구석을 곧 막을 수가 없어 포석에서 보고, 예를 들면 이 그림처럼 1, 3 으로 전전(轉戰) 하게 되는 것을 생각 하게 된다. 이 후 흑에서는 ㉮의 「미끄럼」이 나 ㉯의 「밀기」가 표적.

4 도

옛부터의 정석은 흑 1 의 「뻗기」로 정하고 3 의 2 칸 '벌려두기'가 많았다. 이와같이 하면 약간 느린 진행이 될 것같다. 기본도나 3 도 쪽이 흑으로서도 경쟁을 하는 바둑이라 할 수 있다.

참고도 백 1 에 대해서는 흑 2 로 붙이고, 백 3 으로 건너뛰는 것이 올바른 정석이다.

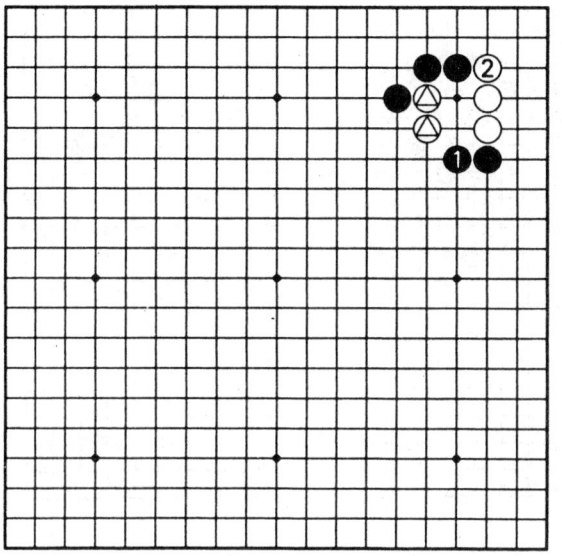

제 4 형 「양엿보기」는 기능이 없다

「양엿보기」는 통상 좋은 형으로 여겨지고 있지 않다. 그것은 상대의 끊을 수 없는 곳에 돌이 들어붙어 있기 때문이다.

두 돌을 충분히 기능을 발휘시키는 것이 최선. 그런데도 불구하고 아무런 기능도 기대할 수 없고 상대의 「두께」에 다가서 있는 것은 당연하다. 이것 역시 기능이 없는 형이라고 할 수 있다.

기본도는 정석이 나오는 형, 여기서, 혹 1 로 서는 것이 양엿보기의 나쁜 줄기다.

그렇게 서도 백을 끊을 수 없을 뿐만 아니라 역으로 △에 의해 혹의 두 개의 돌이 분단되는 것이 확실히 나타나 있다.

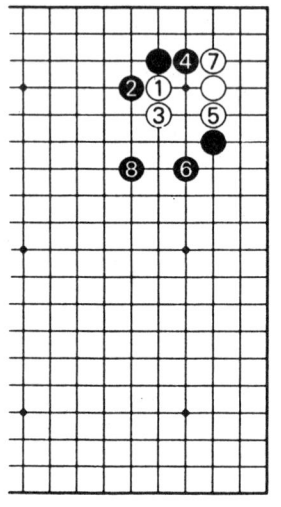

1 도 마늘모의 형

2 도 내려섬은 속수

참고도 옛 정석

1 도

기본도는 그림 1 의 순서에서 나온 형이다. 백 5 의 옆 공격에는 흑 6 으로 마늘모로 두는 것이 바른 응수.

2 도

● 의 대사(大斜)「걸기」에 백 1 로 나란히 하는 것은 옛날의 정석형. 여기서 흑 2 로 누르는 것은 좋지 않으며 백 3, 5 로 머리를 낸다. 그 후 흑㉮ 백㉯가 되면 기본도에 환원된다.

참고도 따라서 백 1 에는 흑 2 로 되돌리고 백 3 으로 뛰어 나가는 것이 바른 정석.

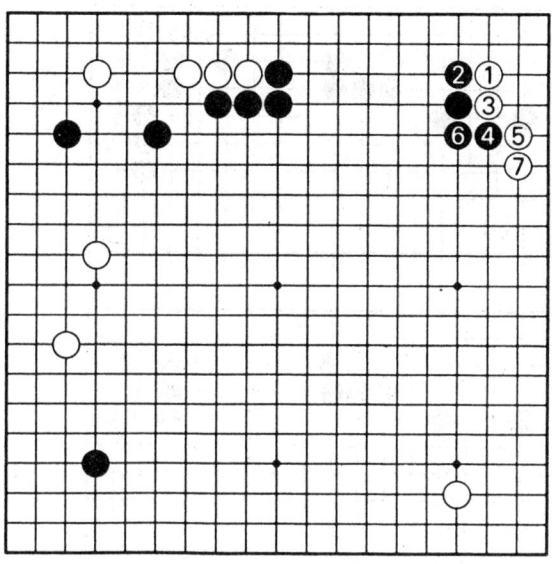

제 5 형 「날일자」의 「내밀기」에 돌아오는 악형 (惡形)

이른바 악형·악수의 대표적 인 예에 날일자 의 「내밀기」 라고 하는 형이 있다. 예를 들면 참고 그림 1, 흑 1 의 시작 이 그것이 다. 백 2 가 받게 되어 흑은 여러 가지의 표적 등을 스스로 소멸시키고 있다. 그것은 결과적으로는 돌의 기능, 가능성을 포기한 것과 같은 것이다. 그러나 쉬운 예는 알 수 있어도 실전의 형에 들어가게 되면 전혀 다른 것처럼 보인다. 문제는 오른 쪽 위의 구석의 절충에 있다.

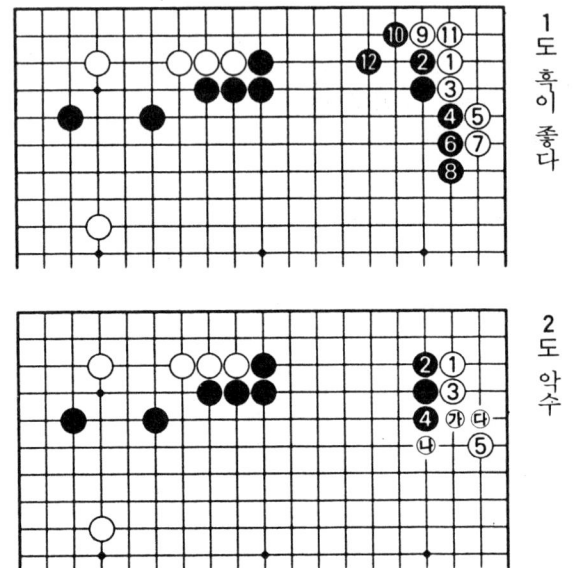

1 도

백 1 의 3 · 3 에 들어가기에 대해서 흑 4 에서 6 , 8 로 뻗어 있으면 가장 상식적인 정석이다. 그러나 이 국면에서는 흑 12까지로 후수를 빼고 상변을 자리 모양으로 하는 데는 약간 흑이 둔한 느낌을 준다.

2 도

이 국면이라면 흑 4 로 뻗어 있는 것이 좋다. 백 5 로 ㉮로 펴서 오면 흑㉯로 뻗는다. 일보 앞에 칼 끝이 나와 있어서 흑이 눈치를 채는 결과를 준다. 그래서 백도 5 로 날일자로 미끄러질 정도. 여기서는 실전에서도 볼 수 있는 형이다. 그런데 문제는 여기에 있다. 기본도는 이 형에 흑㉮의 시작과 백 ㉯를 교환한 것과 같은 결과이다.

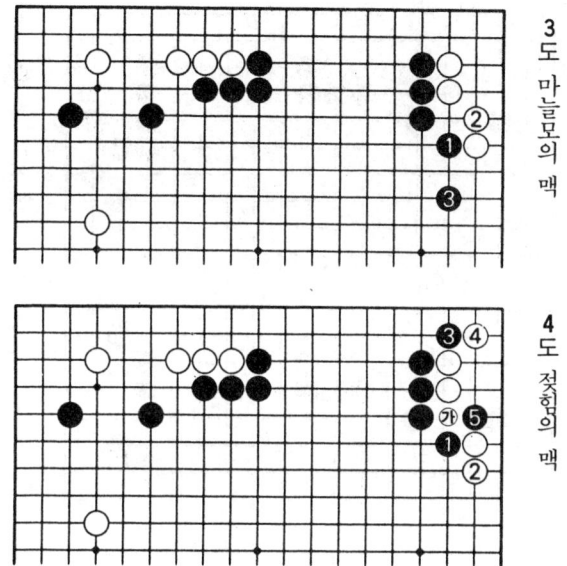

3 도
마늘모의 맥

4 도
젖힘의 맥

3 도

2 도의 후 흑 1
로 마늘모 붙이기
가 흑에서의 유
력한 표적. 백 2
라면 3 으로 뛰어
있어 흑이 낫다.

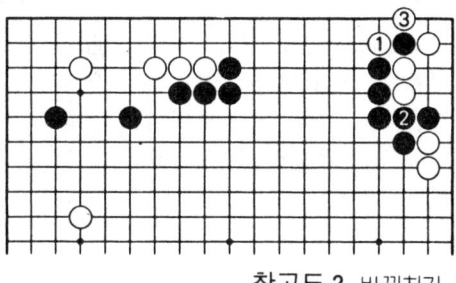

참고도 2 바꿔치기

4 도

흑 1 에 백 2 의 「뻗기」라면 흑의 튀기가 트릭. 백 4 에는 흑
5 로 뛰어 나가고 백 ㉮로는 끊을 수 없다.

참고도 2 계속하여 백 1 로 흑 한 점을 누르고, 흑 2, 백
3 으로 나눈다.

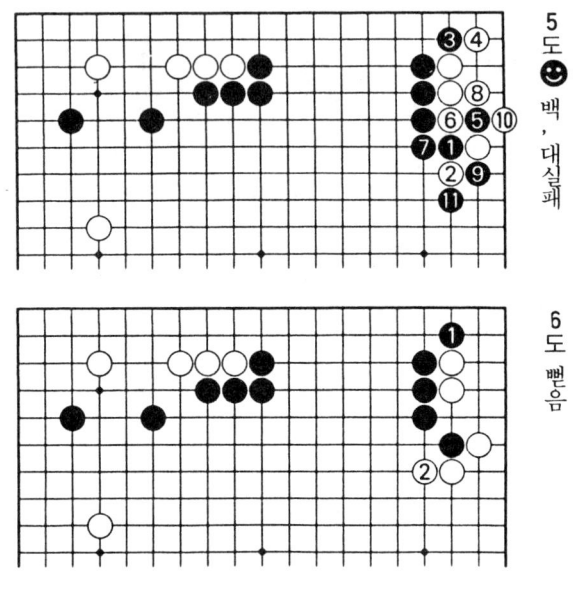

5 도 😊 백, 대실패

6 도 뻗음

5 도

혹 1 에 백 2 로 뛰어 오른 변화. 혹 3 의 뛰기에 백 4 가 받는 일이 큰일. 혹 5 에서 11 까지 백은 곤경에 빠지고 말았다.

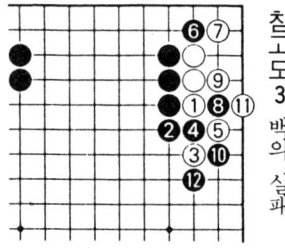

참고도 3 백의 실패

6 도

혹 1 에는 백 2 로 뻗어나가는 것이 바른 수다.

참고도 3

혹 8 다음 단순히 10 으로 끊으면 다시 백은 최악의 형이 되지만…… 이것도 결과 판단법으로 알 수가 있다.

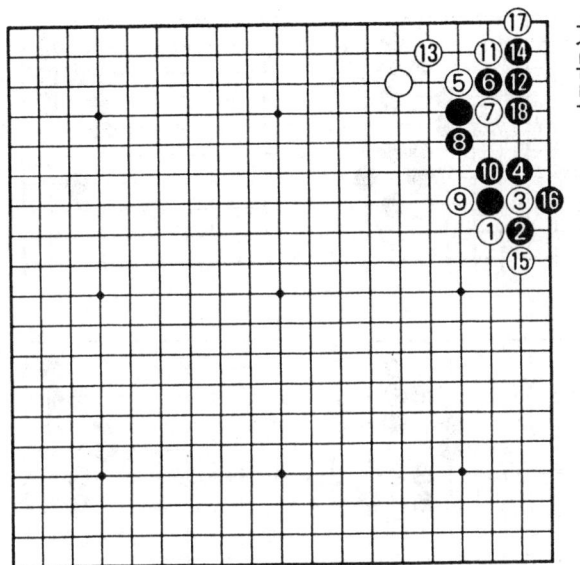

제 6 형 굳은 형은 기능 없는 모습의 대표적인 예

바둑의 술어 가운데 「굳어졌다」라는 말이 있다. 오른쪽에서, 왼쪽에서 교묘하게 효력을 나타내어 상대의 돌을 작게 한 곳으로 압축시키는 테크닉을 말한다.

「손해봤다」고도 하지만 돌이 굳어지는 것은 자신의 돌에 기능이 없어지고 또 정신적으로 지고 있는 것을 말한다.

기본도(図)는 옛날 흔히 두고 있던 눈목자에 대한 백에서의 응고 작전. 흑18까지 흑은 좌우에서 완전히 응고 당하고 있다. 그 원인과 흑의 손실을 구체적으로 알아보기로 한다.

기본도의 마무리 그림이다. 원래 흑 돌이 하나 많은 곳이지만 아무리 보아도 역시 모습이 굳어져 있다.

34

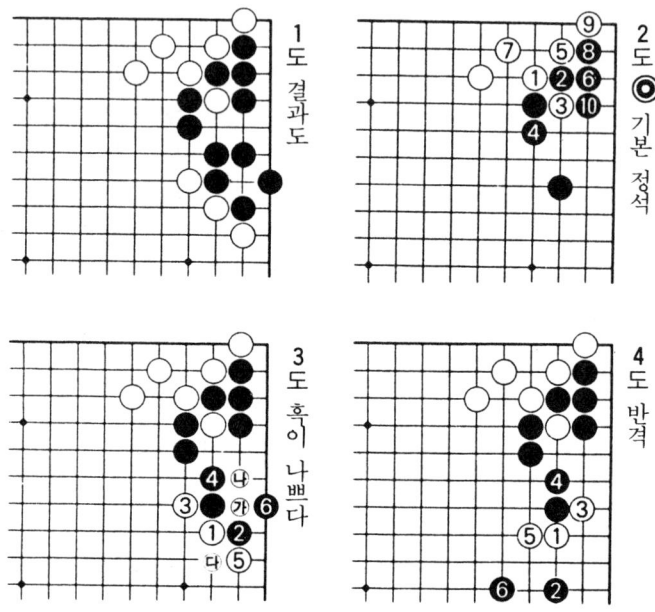

1도
결과도

2도
◉ 기본 정석

3도
흑이 나쁘다

4도
반격

1도

기본도의 순서를 생략하고 게재한다. 상변의 흑은 과연 돌이 굳어지고 기능이 없다.

2도

1도의 결과를 순서를 바꾸어 조사해 보자: 흑의 눈목자 거리 두기에 대해서 백 1 의 「붙이기」에서 10까지는 정형이다.

3도

그림 2 다음, 백 1 로「붙이기」, 흑 2 의「뛰기」에 백 3 의 「뛰기」에서 5 로 누르자 흑은 6 의 패. 백 ㉮, 흑 ㉯의 교환.

4도

다시, 백 1 의「붙이기」에는 구석이 견고 해서 흑 2 로 부터 반격을 당하게 될 수도 있다.

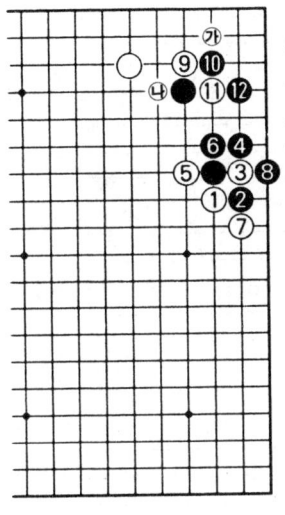

5 도
도책류의 활력

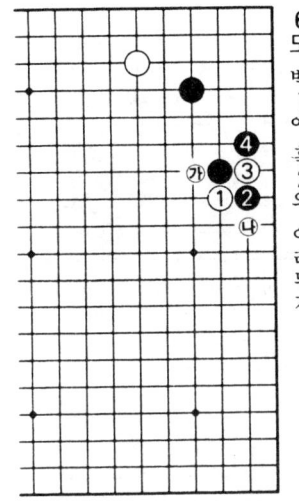

6 도
백1에 흑2의 아래뛰기

5 도

기본도와 흡사한 수법을 하나 소개한다. 백은 1의 「붙이기」에서 5, 7의 「맞댐」에 기능을 주고 다음에는 9, 11의 붙여 끊기, 흑12로 안는 것을 보고 다른 데로 옮긴다. 그 후 국면에 응하여 백 ㉮나 ㉯의 「맞댐」을 보라고 하는 것이다. 이것도 지금까지와 같은 상대를 「응고」시키는 발상이다. 이것은 기성(棋聖) 도책(道策)이 고안한 것이다.

6 도

그럼 지금까지의 그림에서 흑의 대응에 문제는 없었던가를 생각해보자.

백1의 「붙이기」에 흑2 밑의 「뛰기」. 당연한 한 수처럼 보이나 실은 이 흑의 수가 약간 수동적이었다. 이렇게 뛰게 되면 백3의 공격에서 백 ㉮, ㉯의 「맞댐」이 눈에 보인다. 아직 귀쪽이 비어 있는 상태이며 흑2로 밑을 받는 것은 아무래도 좀 약한 것 같다.

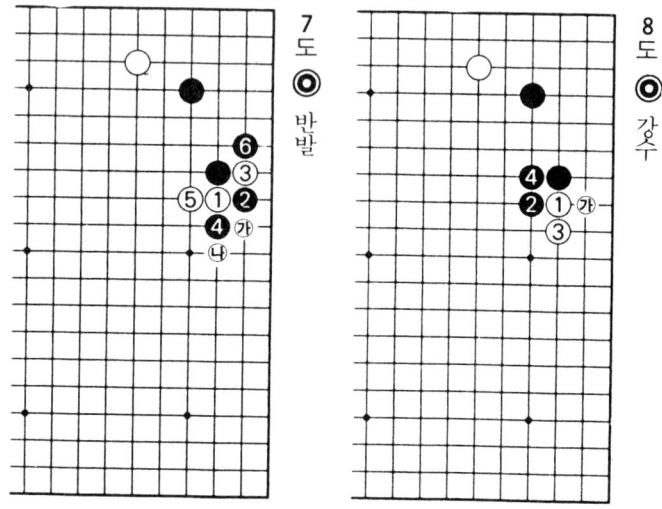

7 도 반발

8 도 강수

7 도

그러나 같은 흑 2 밑의 「뛰기」라도 백 3 의 공격에 대해서 흑 4 로 하나 「맞댐」하여서 6 을 잡는 수는 충분히 생각할 수 있다. 그 뒤 백 ㉮의 「끊기」에서 ㉯의 포옹이 되겠지만 그 구체적 상황을 보고 작전을 선택할 것이다. 흑 4 로 하나 「맞 댐」을 두고 있어서 앞의 그림처럼 백에서의 가벼운 효력밖에 칠 수 없다. 그만큼 백의 돌을 무겁게 하고 있는 것이다. 효 력에 대한 반발의 수단으로 널리 응용되고 있는 수법이다.

8 도

처음으로 돌아가서 눈목자에 백 1 의 「붙이기」라면 흑은 위 에서 2 로 반격하는 것이 보통이다. 백 3 의 거리 두기라면 4 로 문제가 없다. 「붙이기」로 온 백 2 점이 무겁게 되어 있 다. 흑 4 로서는 ㉮로 내려가도 좋을 것이다. 백 3 으로 ㉮의 「뛰기」로 다시 응수하면 역시 흑 4 의 계속.

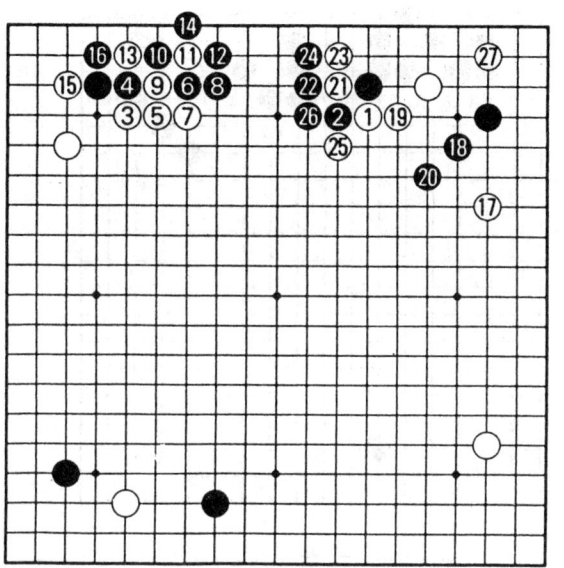

제 7 형 「결과 판단론」의 창시자 기성
도책(棋聖 道策)을 굳히게 하는 포석이란

  앞의 형에서 도책(道策)의 수단을 제시해 놓았으나 여기서
는 이른바 도책류(道策流)라는 것을 한 가지 소개하겠다.

  도책은 현대 사고방식에 통하는 「결과 판단론」을 창안한 것
으로 유명하다. 역전 외길의 바둑에 대하여 처음으로 합리적
인 포석 구상이나 대국관을 도입한 것이다. 낡은 형의 포석
에 대해서 전국적인 관점에서 본 「응고」포석을 고안하고 또
그 방법으로서 「사석」을 흔하게 사용했다.

  기본도는 그 대표적인 「도책류」의 포석이다. 상대는 선수.
백27까지의 대전. 특히 상변의 흑에 대한 응고법을 주시할 것.

38

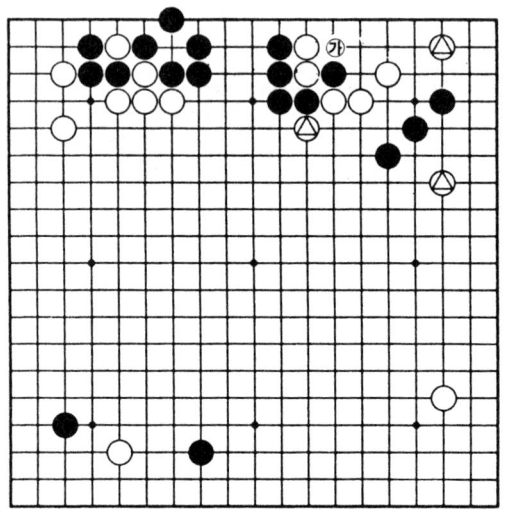

1도 ☺ 흑의 손해

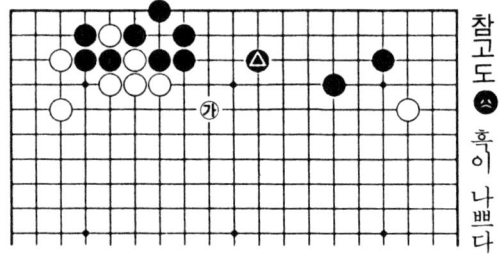

참고도 ❷ 흑이 나쁘다

흑㉮의 처리에 있어서도 흑 자리는 불과 10수집. 그 사이에 백은 호점 ❷를 세 곳이나 치고 있다. 이미 충분히 백에 당하고 있는 포석으로 보아야 한다.

참고도

이 그림의 배석(配石)에서도 흑은 손해를 보고 있다. ❷가 ㉮의 위치에 있고 호각(互角)정도로 갈라져 있다. 그림 1은 그것보다 나쁘다.

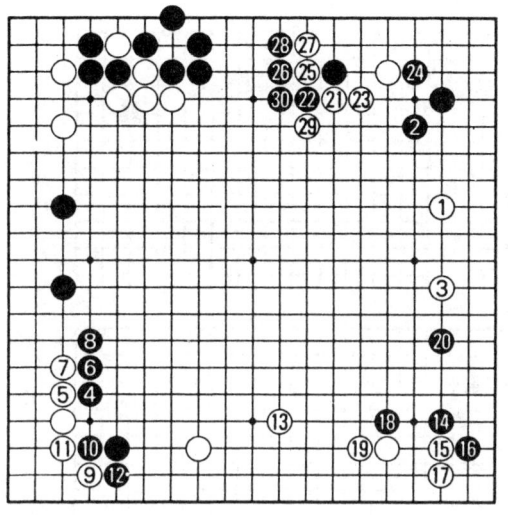

2 도

그 당시(江戶時代) 도책은 열심히 기본 그림에 실은 것과 유사한 포석을 시도하여 여러 가지로 연구하고 있었을 것으로 생각된다. 그에 대해서 상대는 거의 하는대로 받아 언제나처럼 당하고 있는 상태였다. 상대로서는 「도책류」의 진정한 의미를 이해할 수가 없었던 모양이었다. 그만큼 당시에 도책의 바둑 레벨이 월등했던 증거이기도 하다.

이 그림은 상대(선수)와의 바둑인데 상변에 기본 그림과 흡사한 형이 나타나 있다. 흑은 왼쪽이 견고한데 흑26, 28로 돌이 좁은 안쪽에 있으나 통증을 느끼고 있는 것 같지 않다. 더구나 왼쪽 밑의 구석의 흑 4에서의 「걸기」는 왼쪽 위의 구석의 백과 같은 수법으로 보이는데 실은 다르다. 백은 5, 7에서 선수를 잡고 13을 지키기 위하여 돌아가 있다. 이것을 보아도 쌍방의 역량의 차이는 확실히 나타나 있다.

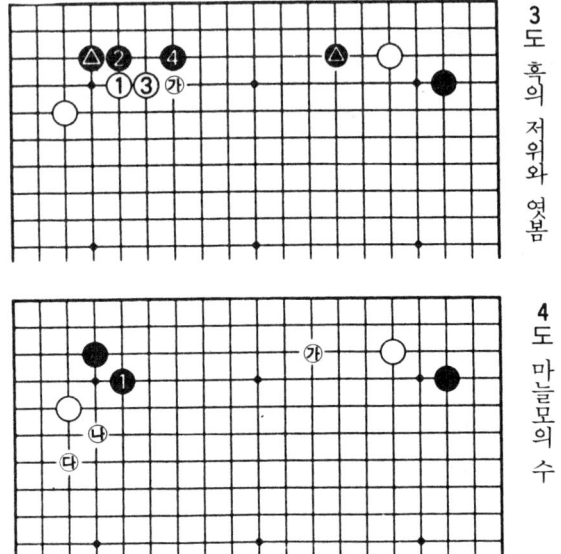

3 도 흑의 저위와 엿봄

4 도 마늘모의 수

3 도

그 당시는 이와 같은 ●의 위치가 낮은 포석으로서는 백
1 에서 「걸기」를 받을 가능성이 있다고 하는 데 걱정을 하지
않았던 모양이다. 흑4, 「뛰기」에 까지 되었을 때 흑4의 위
치와 오른쪽 위의 ●의 한 점의 관계가 나쁘게 되어 있기 때
문이다.

4 도

그 후에 수책(季策)에 의해 사용되었으나 이 흑1의 대각,
곧 오른쪽 위의 구석을 협공하기 위해서는 앞에서 말했던 것
처럼 백에 「걸기」를 당하고 저위를 당하게 된다.   그것을 피
하여 우선 자리를 잡고 다음에 오른쪽 위의 구석 ㉮ 근처
의 협공이나 좌변 ㉯의 「걸기」나 ㉰ 근처에서의 협격을 겨누
자는 것이다.

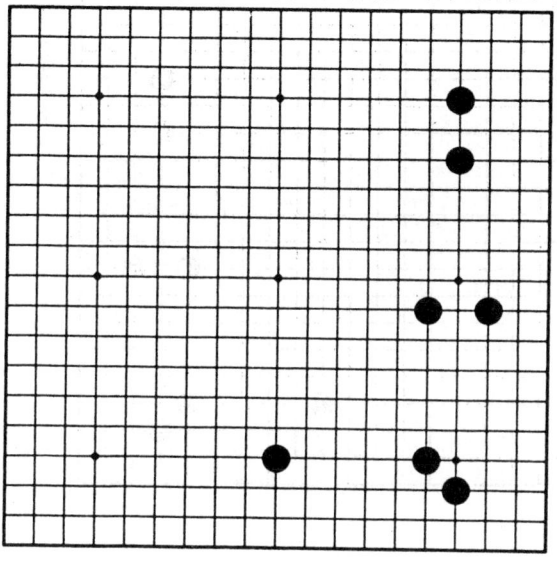

제 8 형   중국류(流) 포진의 기능의 비
밀은 어디에

  돌의 기능에 대해서 생각해볼 경우 부분적으로 판단할 수
있는 문제는 시각적으로도 확실하기 때문에 그 선악을 곧 알
수가 있다. 그러나 그것이 포석 전체로 넓혀지면 그렇게 간단
하지는 않다. 시각적으로도 확실하게 알 수 없게 되기 때문
이다. 그러나 돌의 기능에 대한 문제는 부분적으로는 포석의
사고방식과 연결되어 있다. 즉 더 효율적인 포석을 찾고 있
는 것이다.   어떤 의미에서는 포석의 변천의 역사가 그것을
말하고 있다고 해도 과언은 아니다. 그 속에서 현대의 중국
류 포석의 1예를 들고 돌의 유기적인 기능에 대해서 생각해
보자.

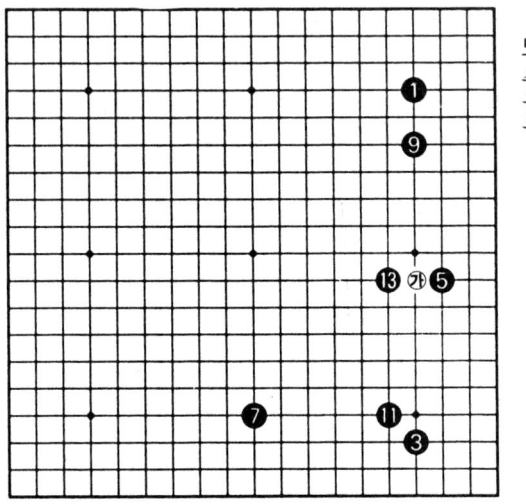

1 도

기본도는 중국류 포석의 하나가 완성된 예이다. 이 흑의 진형이 완성된 순서를 나타낸 것이 이 그림이다. 흑 1 에서 13까지. 이것이 중국류의 포진의 전형적인 골격이다. 흑 5 에서는 ㉮도 있으나 이번에는 낮은 쪽을 예로써 들었다.

그런데 이 대비 속에서 돌의 작용 기능으로 보아 문제가 되는 것은 흑 5 의 위치의 간격(3 연성보다 1 로 오른쪽 밑)과 흑 11 의 대각이다.

중국류가 종래의 포석, 특히 3 연성과 비교하여 독특한 것은 이 두 개의 돌의 위치와 조립되는 데 있다고 할 수 있다.

그럼 지금부터의 돌의 기능(유기적인 연결)은 구체적으로 어떻게 지적될 것인가. 우선 흑11의 마늘모, 거기에 호응하는 13의 뛰기에서 ─.

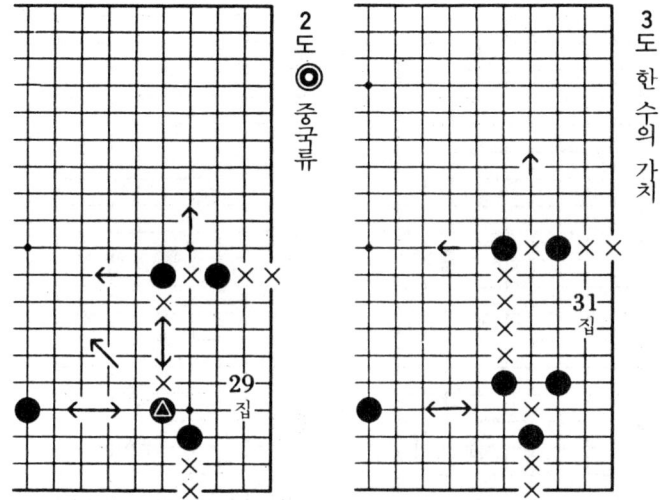

2도

포인트를 불문하고 오른쪽 밑의 귀에 한에서 보면 ×로 싸인 지점이 흑집의 모양이 되어 있다. 이것이 중국류의 포위 방법이다. 다시 화살표의 방향으로 돌의 기능이 있다.

3도

이것을 소목(小目)의 마무리에 흡사하게 발전시킨 대비와 비교해 보면 집같은 것은 거의 같으며 밖으로 향하고 있는 세력도 흡사한 것으로 판단할 수 있다. 그러나 이 두 개의 대비로서는 2도의 중국쪽이 한 수 적다. 이것을 보아 중국류의 대비쪽이 한 수 적어도 같은 효과를 겨누고 있다는 것을 알게 될 것이다. 중국류의 포진은 자리에 대해서 효율적인 기능을 지니고 있다는 것이 된다.

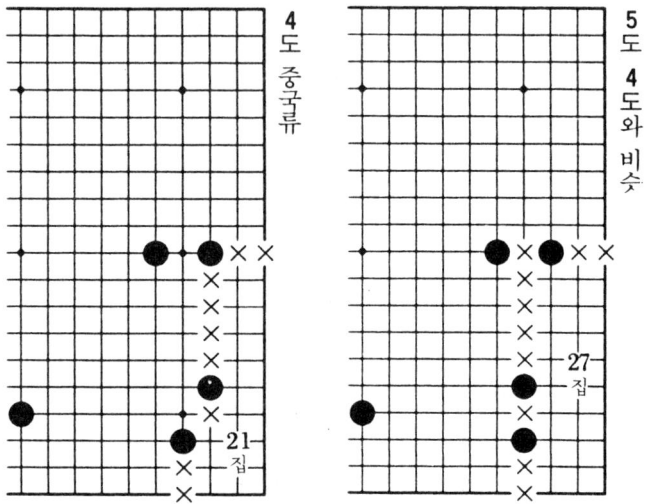

4도·5도

종래의 포석이라면 2도의 중국류처럼 네 수로 흡사한 포위 방법을 쓴다고 한다면 4도의 작은 날일자의 마무리 아니면 5도의 1칸 마무리의 형으로 된다. 각각 고정된 집같은 것은 21집(目), 27집 정도이지만 이 두 그림이 중국류라고 하면 그것이 29집 정도. 또 이 두 그림과 비교해서 밖을 향한 기능이 다르다. (특히 하변의 화점 한 점과의 관련). 자리를 확실히 포위하려고 하려면 4도, 5도에서도 나쁘지는 않지만 그 후의 발전성에 큰 차이가 있다. 중국류와 비교하려면 이 두 그림의 어느쪽이냐 하면 자리에 편중하고 있는 점이 좋지 않다고도 할 수 있다.

그리고 4도와 5도의 차이는 4도 쪽이 5도보다 진실할 뿐 눈에 보이는 자리는 작으나, 5도쪽은 4도에 비해서 아직 집으로서는 불확정이라고 하는 점이 있다.

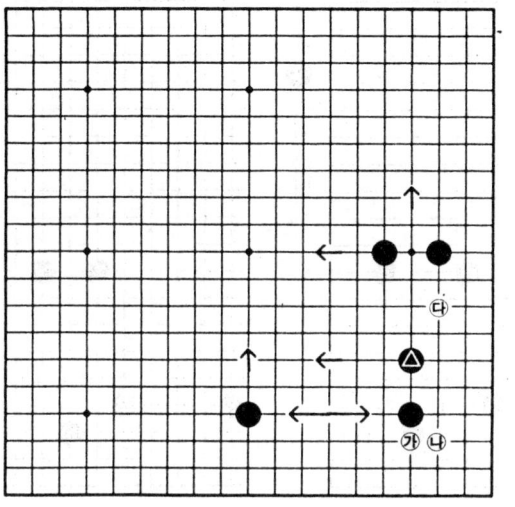

6 도

다음은 3 연성의 포진과 비교해 본다. 지금 초점을 오른쪽 밑의 구석을 중심으로 하는 세력에 한하면 대체, 2 도의 중국류 포진과는 어떤 점이 다른가. 다만 3 연성의 경우는 오른쪽 밑의 귀의 변에서 발전해 가는데, ●의 한 수에만 한하지 않는다. 따라서는 ㉮의 매달리는 국면에 생각할 수 있다. 여기서 한번, 비교하기 쉽도록 ●에 대비했다고 상정한다.

그런데 6 도의 혹의 대비 모양을 잘 보면 자리같은 것은 좀 계산하기 어려운 데가 있는 것을 알게 될 것이다. 백 ㉮로 「붙이기」를 하거나 ㉯의 3·3이나 ㉰의 공격에 있거나 하여 도무지 그대로는 집이라고는 할 수 없다. 그러나 그 반면에 중앙에 대한 세력은 대단하다. 그대로 확장시키면 강력한 중앙을 중심으로 한 집모양이 형성될 것 같다. 여기에 3 연성의 특색이 있다.

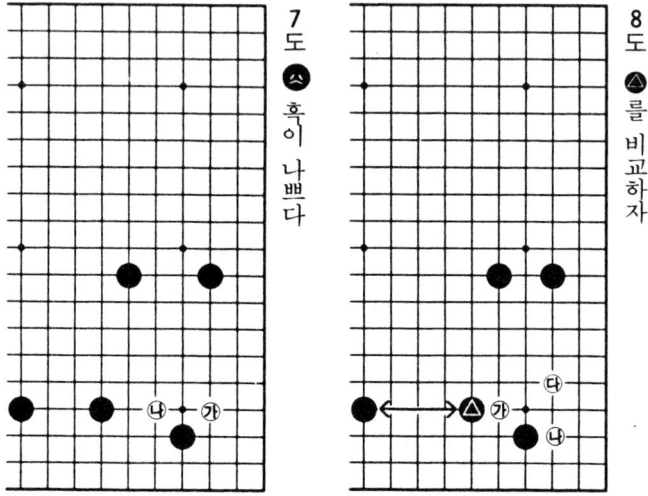

7 도 ⑤ 흑이 나쁘다

8 도 ▲ 를 비교하자

7 도

그러나 아무리 기능 있는 모습이 좋다고 해도 거기에는 한도가 있다. 예를 들면 이 그림. 이 대비를 자리도 세력도 안정 되어 있는 모습으로 생각할 수 있는가. 역시 어딘가 힘이 빠진 틈 투성이의 대비라고 보일 것이다. 이대로라면 도저히 집이라고는 말할 수 없는 형이다. 더 한 수 흑 1 로 손을 내밀면 어떤가 하는 정도이다. 중국류의 ㉯의 마늘모는 그런 밸런스를 생각하여 고안된 것이다.

8 도

그러나 흑 ㉮의 마늘모와 이 그림 ▲ 의 날일자 대비의 차는 미묘하다. 이 그림이라면 하변에 관해서는 돌의 기능이 우수하지만 오른쪽 밑의 귀나 우변에 관해서는 약간 약한 느낌이 든다. 예를 들면 백 ㉯의 붙이기나 혹은 ㉱의 공격 등이 표적으로 노출되어 있다.

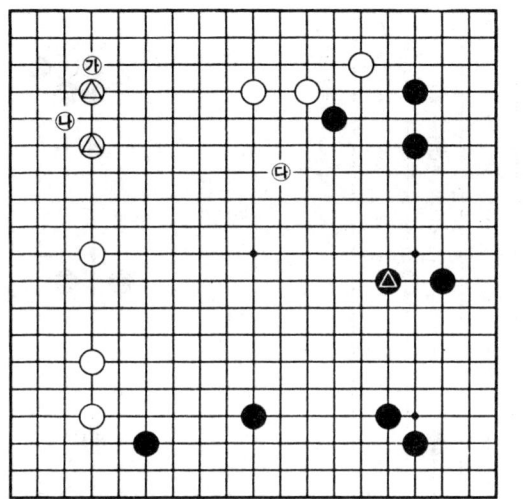

9도

6도의 예처럼 화점을 아무래도 세력 하나에 기울이기 쉽다. 특히 3·3의 틈을 처리하는 것이 어렵다. 중국류에서는 그 점을 소목(小目)으로 바꾸어 거기서부터 밖으로 발전하도록 밸런스를 잡고 있다.

지금 우변 ●로 쳤을 때 오른쪽 밑의 구석을 기점으로 하변에서 오른쪽 상변에까지 이어지는 거대한 흑 모양이 형성되어 있다. 이에 대해서 백은 좌변의 3연성. 이 모양의 대항은 어떤가. 흑쪽의 대비 방법은 이상적이라 하고 백의 대비 방법에 약간 문제가 있는 것같다. 그것은 이러한 형이 되고서는 왼쪽 위의 구석의 △ 두 점은 ㉯의 마무리가 되어 있는 쪽이 좋을 것같다.

실전에서는 이 후, 백㉯의 눈목자. 흑은 곧 ㉮에서 손을 대고 가는 진행이 된다.

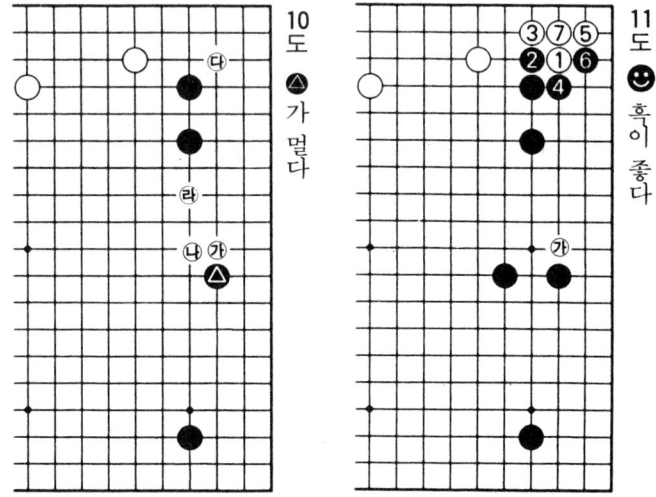

10도

다음에 중국류의 ●의 위치에 대해서 말하겠는데 이것은 두 개의 돌의 관련에서 성립되어 있다.

먼저 오른쪽의 상변을 생각해 보면 ●가 ㉮나 ㉯에 있는 것은 좀 좁은 느낌이 있다. ㉰의 3·3이 이어 있는 이상 ●의 위치는 그다지 위에 가까이 있고 싶지 않다.

11도

예를 들어 이 그림이라면 이 뒤 백1의 3·3 들어 가기는 환영이다. 백7까지 되어도 3연성처럼 흑㉮에 있는 것과는 달라 한길 넓기 때문이다.

또 10도 ㉮나 ㉯에 돌이 있으면 다음의 흑㉣의 싸는 방법이 약간 좁은 느낌을 준다. 따라서 오른쪽 상변에 관해서는 그림10, ●에 있는 쪽이 좋아질 가능성이 많아지는 것이다.

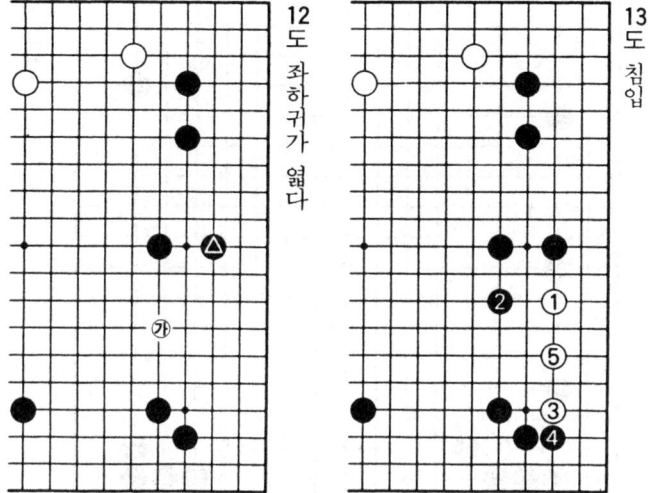

12도

오른쪽 하변쪽에 대해서 ●과 화점 밑에 있는 것은 이번에
는 역으로 귀의 소목과의 위치 관계로 약간 넓은 느낌이 있
다. 예를 들면 이 그림처럼 대비를 했다고 해도 약간 긴밀성
이 결여되어 있다. 더 한 수, 흑㉮정도에 있어서 겨우 집
모양이 되는 느낌이다.

13도

앞의 그림의 뒤, 백 1 이하 곧 공격을 해도 간단하게 수를
쓸 수가 있다. 2점, 중국류의 대비라면 오른쪽 밑의 구석을
공격하여, 곧 그대로 산다고 하는 것은 아니다. 거칠게 하는
수는 있어도 근거는 용이하게 만들지 못한다.

이상 중국류를 예를 들어 포석 구상에 함유되어 있는 돌의
능력에 대해서 연구해 봤으나 이러한 막연한 형이 되면 의외
로 어렵게 생각될 것이다.

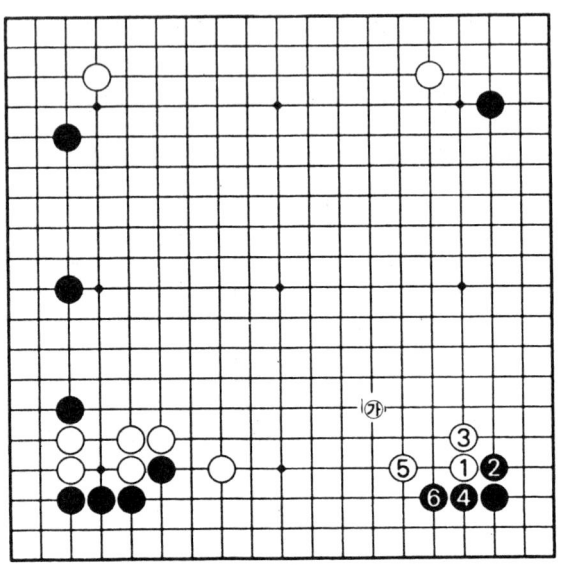

제 9 형 기능을 최대한으로 찾는 실전의
발상이란

앞의 형까지, 우선 부분에 대한 기본적인 예를 들어 앞의
형의 포석에 대한 기초적인 사고방식을 설명해 왔으나 이 장
의 마지막에 거기까지의 응용으로서 돌의 기능을 최대로 추구
한 실전의 예를 보기로 한다.

돌의 효율은 기능이 적어지면 쓸모가 없어지고 역으로 기능
이 우수하면 엷어지는 일이 있다.

여기에 실은 실전 예는 프로,고단자의 대국. 백은 독특한 감
각의 소유자이다. 오른쪽 밑의 귀 6 까지 두었을 때이다. 계
속해서 백 ㉮에 대비하는 것이 부분적인 정석이지만 과연 어
떻게 될 것인지.

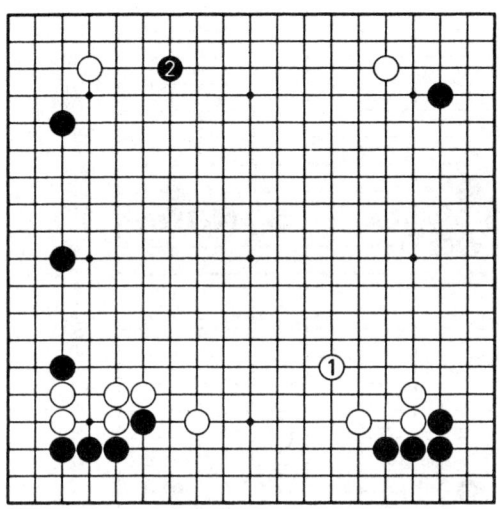

1 도

백 1 이 정석.
그러나 흑 2 로
협공 당하여 전
국의 리드를 빼
앗길 것 같다.

참고도 1

계속해서 같
은 진행을 생
각해도 흑이 간
명(簡明). 백 1
은 부분에 구애
받은 수라고도
할 수 있다.

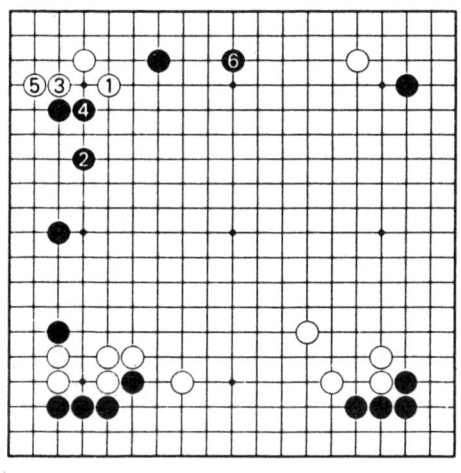

참고도 1 😊 흑이 알기쉽다

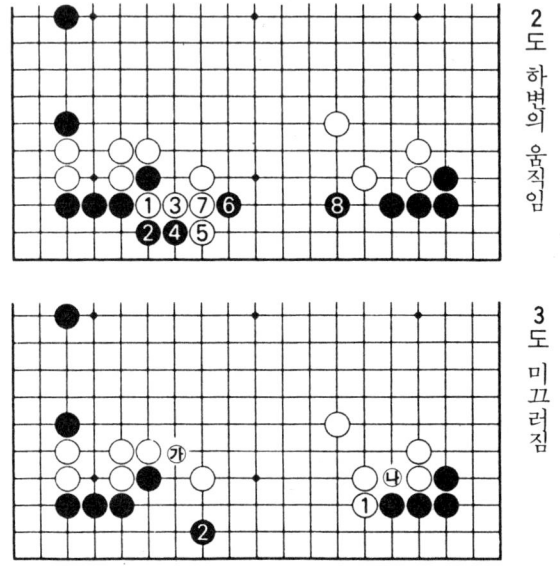

2도

이 포석은 흑이 견고한 자리를 굳히며 달리고 있다. 백으로서는 다만 막연하게 모양을 만들고 있으며, 국면의 리이드는 빼앗기지 않고 있는 상태이다. 1도의 백 1이 문제인 것은 하변에 대해서 백으로부터의 유효한 후속수가 발견되지 않았다는 것이다.

3도

또 백 1로 오른쪽 밑의 귀를 누르면 흑 2로 왼쪽 하변으로 미끌어진다. 즉, 어느쪽으로 해도 하변은 자리가 되기 어려운 곳이다. 그러나 그렇다고 해서 1도의 그대로 하변을 생략하는 것은 흑㉮의 '뛰기'나 ㉯의 시작이 있어서 백은 곤란하게 된다.

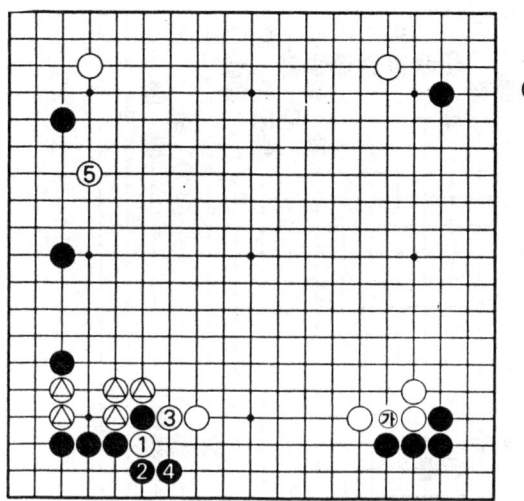

4 도

　왼쪽　밑의
귀에 백 1, 3
을 빼앗고, 혹
4 를 기다렸다
가 용약, 좌변
5 의 협공으로
돌아갔다.

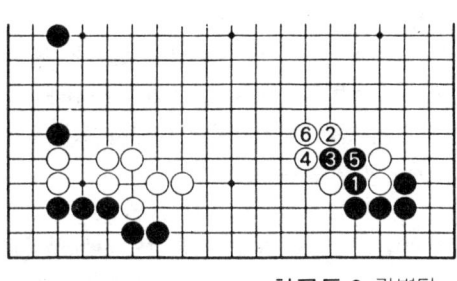

참고도 2　가볍다

　🔴 의 두께를 활용하기 위하여 좌변에 선착하여 싸움을 일
으키지 않으면 안된다. 반드시 싸움을 일으켜야만 한다. 그것
을 위해서 선수로 왼쪽 밑의 귀를 강화시키고, 간접적으로 오
른쪽 밑의 백을 견고히 하고, 좌변의 큰 곳에 돌았다. 즉,　그
만큼 돌이 기능을 발휘한 것이다.

　참고도 2 처럼 그 부분만 가볍게 다루는 요령이다.

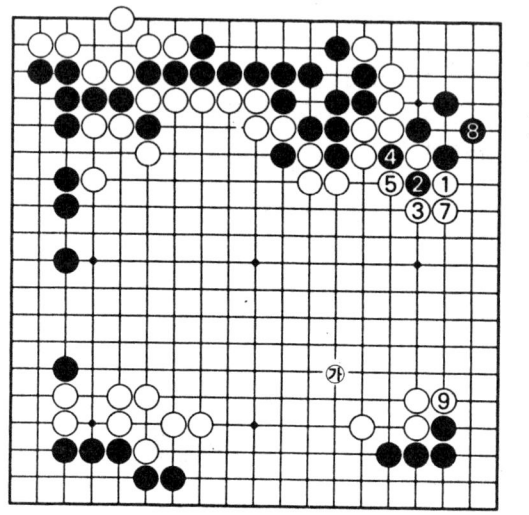

5도

그 후에 실전 진행도이다. (도중은 생략했다.) 왼쪽 위의 귀에서 격투가 시작되고 그대로 상변에서 오른쪽 변으로 옮겨 갔다. 실전은 백 1의 누르기에서 오른쪽 상변을 백이 선수로 봉쇄하고 백 9에 돌았다.

그 결과는 어떤가. 본래는 백 ㉮에 먼저 대비가 있는 곳을 생략하고 (그 한 수만 다른 큰 곳에 선착하여 전국을 리이드 하고 있다). 오른쪽 밑의 귀 9로 눌렀으니 나쁠 이유가 없다. 순서를 바꾸어보고 이 국면이 된 뒤, 백 9로 ㉮를 칠 수는 없다. 백은 본래 오른쪽 밑의 귀는 왼쪽 밑의 귀에서 쳤기 때문에 엷은 형이지만 그것이 지금 외세가 생겨 나타난 것이 다. 기본도에서 4도의 수단을 취해서 이 그림까지 여기에 일부분의 돌의 효율만의 문제로 끝나지 않는 전국적인 돌의 기능의 중요성이라는 것이 나타나 있다고 생각된다. 이것도 '기능 있는 형'의 최대한의 응용이라고 할 수 있다.

제1장

결과 판단법의 기본
세 가지의 포인트

이 장(章) 의 포인트

이 장에서는 결과 판단법의 구체적인 방법에 대해서 소개한다. 크게 나누어서 세 가지의 방법이 있다.

1. 기본형과 비교해본다. 2. 순서를 바꿔서 조사해본다.
3. 정리된 그림에서 판단한다.

이 방법 중, 실전에서 제일 많이 사용되는 것이 2의 순서를 바꿔서 하는 방법이다. 거의 실전 예는 이 방법으로 알 수가 있다. 1과 3은 오히려 그것을 위한 보조적인 작업이라고 해도 좋으며 특별히 복잡한 그림의 경우에서는 우선 전단계로서 세 가지의 방법을 병용하는 일이 많다. (순서가 복잡해진다는 점에서 이 장에서도 세 가지의 방법은 1예 만으로 그쳤다). 만일 당신이 결과 판단에 익숙하지 않고 있다면 곧 이러한 실전의 복잡한 그림을 대하는 것이 그다지 좋은 방법은 아니다. 오히려 하나의 방법으로 취급하고, 비교적 알기 쉬운 예로부터 눈을 익혀가는 것이 좋을 것이다.

특히 초보자에 있어서의 이 장은 약간 방향을 잃게 될른지도 모른다. 그래서 실제적인 결과 판단의 작업 전제가 되는 주의점을 말해 두기로 한다.

중요한 것은 그림의 순서같은 데에 집중하지 말라는 것이다. 따라서 예제(例題)가 백(흑)으로 시작되어 있어도 그것은 결과 판단에 있어서 백(흑)에서 시작해도 합리적으로 설명이 된다면 아무런 문제는 없다. 이런 것은 최초의 돌의 위치에 대해서도 같다. 즉, 결과 판단이란 전체의 결과에 대해 합리적인 설명을 위한 가정 절차라는 것이다. 이것을 잘못 생각하지 않도록 주의하면서 읽어주기를 바란다.

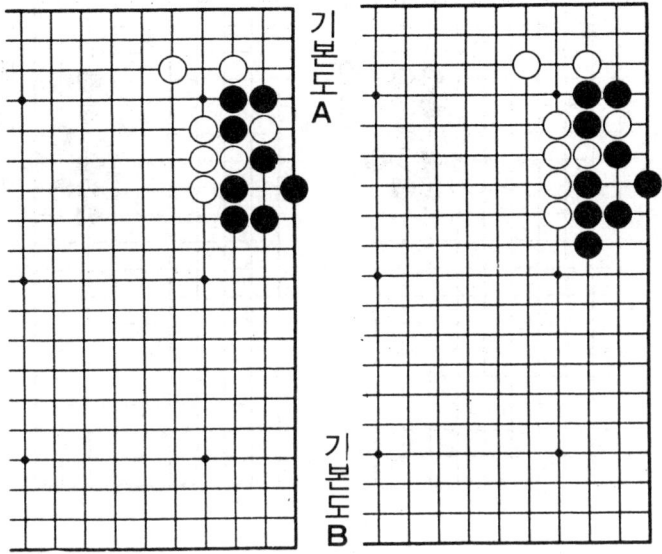

기본도 A

기본도 B

포인트 1. 기본형과 비교해 본다.

제 1 형 흡사한 분열이지만 그 차이는 뚜렷

다 된 그림을 보고 결과를 판단하는 제 1 의 포인트는 정형
(定型)으로 되어 있는 기본적인 형과 비교해 보는 일이다. 우
열이 없는 정석과 어디가 어떻게 다른가를 보고 그 결과의
선악을 판단하는 것이다. 여기서 중요한 것은 그 기준이 되
는 형이 완전하고, 혼돈되어 있지 말아야 한다. 판단의 기본이
되는 형이 서로 얽히고 있으면 평가가 애매해 진다.

지금 혹 소목에 대한 '백걸기'에서 시작하는 일련의 수단을
나타내었다. 참고도 A 는 정석. 참고도 B 는 흡사하나 약간
다르다. 그러나 그 '약간'이 큰 일이 되는 것이다.

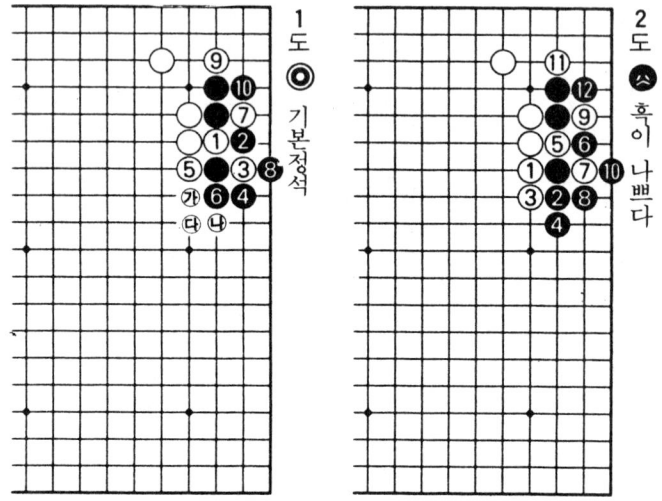

1 도

◎ 기본정석

2 도

△ 흑이 나쁘다

1 도

기본도 A 가 완성된 순서. 백의 '걸기' 혹의 응수에서 백 1 이하가 일련의 수단.

2 도

기본도 B가 완성된 순서. 백 1, 3 으로 '밀기' 혹 4 의 '뻗기'를 기다리다가 백 5 이하의 결정. 말할 것도 없이 B도는 크게 나쁘다. 1 도(A 도)에 백 ㉮의 '밀기'와 혹 ㉯의 응수가 가해진 것과 같다.

실제 문제로서 1 도의 뒤 백의 '밀기'에 혹 ㉯로 굴복할 리가 없으며 혹은 손빼기나 혹은 ㉰로 뛸 것이 틀림 없다. 그런 의미에서 B 도는 우열불명의 정석 A 도와 비교해서 크게 나쁘다고 판단할 수가 있는 것이다. 이것이 기본형과 비교해서 선악을 판단하는 방법이다.

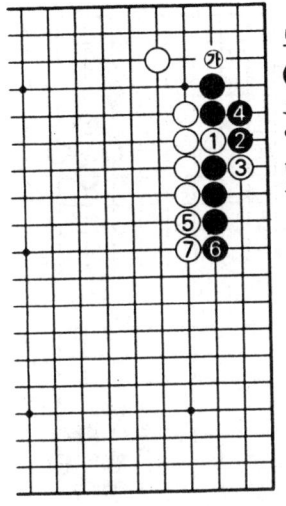

3 도 ⑤ 흑이 나쁨

4 도 흑이 좋은 싸움

3 도

2 도의 순서 중 백 1, 3 의 공격에 대해서 흑 4 로 이으면 어떤가. 이렇게 힘을 내면 백 ㉮의 '맞댐'을 이용하지 않아도 되지만 이번에는 5, 7 로 '누르기'를 당하고 말 것이다. 흑은 3 선(線)을 기지 않을 수 없어 나쁜 것은 명백하다.

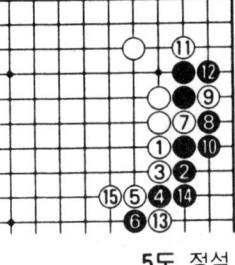

5도 정석

4 도

그렇다고 해서 흑 1 로 반발하는 것은 백 2 의 '끊기'가 엄한 곳. 백 8 까지 되어 흑은 싸움에 말려들 것 같다. 오른쪽 위의 귀의 흑이 불안전한 것이 마이너스.

5 도

2 도의 순서중 흑 4 의 '뻗기'의 그림 14가 나쁘며, 이 그림이 잘 알려진 순서이다. 지금부터 같은 수순.

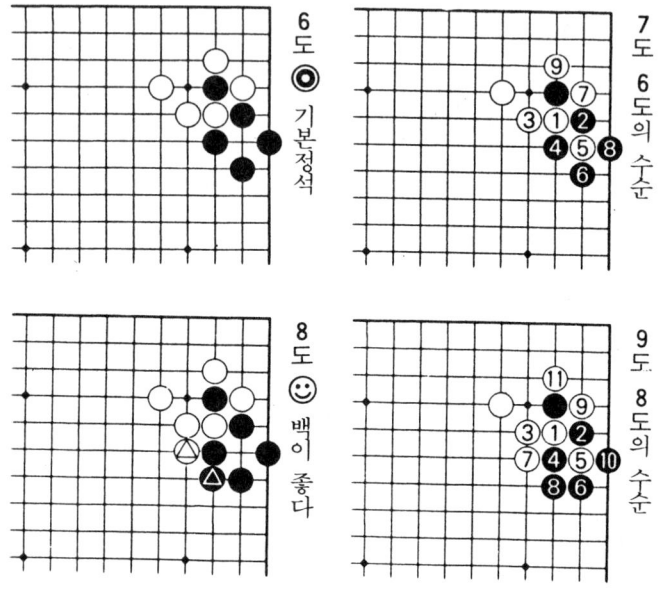

6 도
◎ 기본정석

7 도
6 도의 수순

8 도
☺ 백이 좋다

9 도
8 도의 수순

6 도

기본도와 비교하기에 흡사한 그림을 더 나타내본다.   6 도는 고목(高目) 정석의 대표예(例)이다.

7 도

이것이 그 순서. 백 5 로서는 7 쪽에서 끊는 수도 있다는것을 알고 있을 것이다.

8 도

6 도, 7 도와 비교하기 위한 그림이다. 대체 어디가 다른가.

9 도

이것이 그 순서. 흑 6 까지는 7 도와 똑 같다. 여기서 백 7 로 막고 흑 8 로 붙인 것이 8 도의 진행이다. 이 분열은 6 도의 결과에 8 도의 △ 과 ● 이 가해진 것과 같다. 말할 것도 없이 △ 과 ● 의 교환은 백이 유리하다.

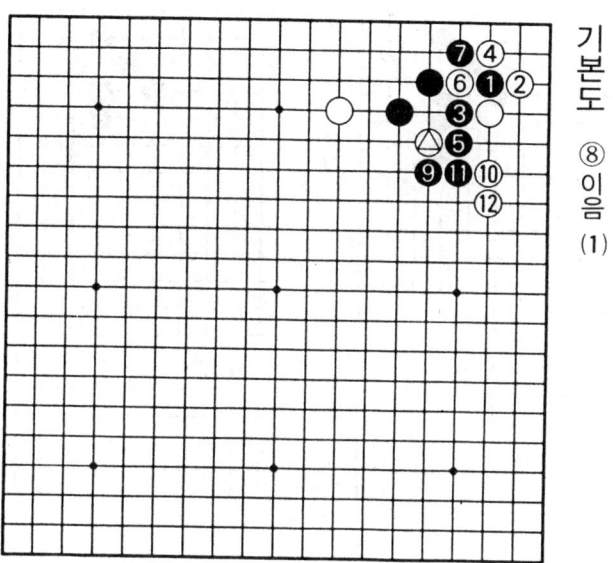

포인트 1. 기본형과 비교해 본다

제 2 형 쌍방의 악수(惡手)를 제거하고
　　　 기본형에 환원해 보면…

앞의 형은 확실하게 판단을 내릴 수 있는 문제였으나, 실제
는 좀 더 복잡해질 때가 많다.　　백,흑 쌍방의 얼마간
의 악수(惡手)의 돌을 제거하고 기본형으로 환원해 가는 작
업이 필요하게 되는 것인데 각각의 악수 정도를 판단하는 것
이 어려워 그것들이 몇 수나 지나고 보면 종합적인　판정이
미묘해질　우려가 생기게 된다.

기본도는 ◎의 새로운 수의 '걸기'가 당하기 시작한　초기
에　나타난 변화도이다.　이 분열은 과연 어느쪽이 유리한
가 알아보자.

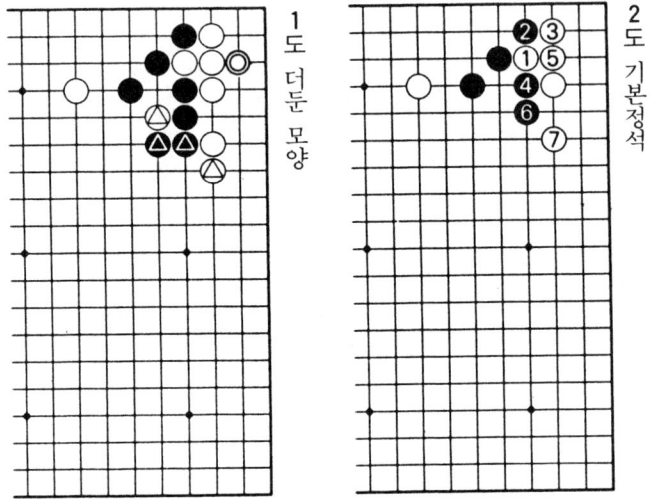

1 도

기본도의 순서를 생략하고 게재해 본다. 지금 이 그림과 비교하기 위해서 유사한 정석을 나타내 본다.

2 도

백 1의 마늘모 붙임에서 생기는 기본적인 정석의 하나이다. 1 도는 한눈에 보아 2 도에 ⬭과 ● 이 두 점씩 가해지고 있는 것을 알 수 있다. 약간 혼동되기 쉬운 것은 오른쪽 위의 귀의 ◎ 한 점이다. 이것은 흑 한 점의 빼기로 바뀐 돌이다. 뒤에는 이상의 3 조(組)의 돌에 대해서 각각의 득실을 알아보고 종합적으로 판단하면 되는 것이다.

3 도

기본도는 2 도의 뒤, 흑 1로 '밀기'를 한 형이다. 이것은 큰 악수. 다음의 백 3 과 흑 4 의 교환은 약간 백이 나쁘다.그러나 흑 5 의 한 점을 무조건 빼게 되고(백자리 1집 증가) 백

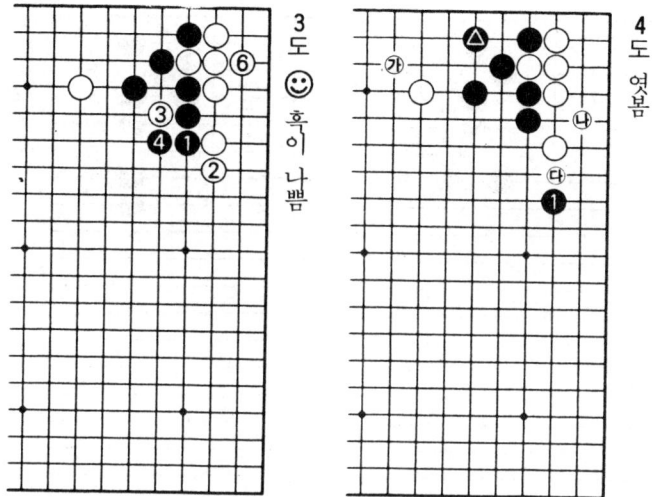

3도 ☺ 흑이 나쁨

4도 엿봄

6의 대비와 바뀌진 것은 흑 1의 악수에 고리를 건 가혹한 수다. 이상의 판단에서 이 분열은 백 양호로 판정된다. 또 순서는 1과 2, 3과 4, 5와 6을 각각의 조(組)로서 표시했다.

4 도

3도 흑 1의 '밀기'가 어느 정도로 악수인가 다시 확인해 보기로 한다.

2도의 정석 후, 예를 들면 ●의 '걸기 이음'이 오면(이 수는 이러한 경우의 형. 다음에 상변 흑㉮의 '뛰기'를 보고 있다)흑 1의 '채우기'등이 강해진다. 다음에 흑㉯로 두고 백을 뿌리째 내쫓는 표적이다. 또 다른 국면에 의해서는 흑㉰의 '붙이기'등 여러 가지 의미를 지닌 곳이다. 기본도는 그것들의 맛을 모두 없애고 있는 것이다.

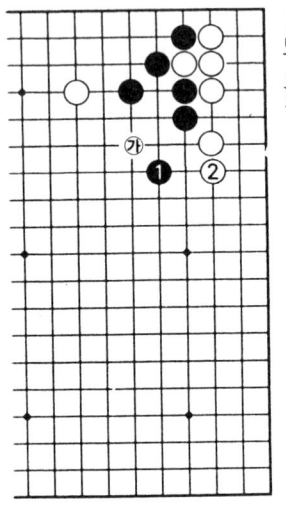

5도 교환

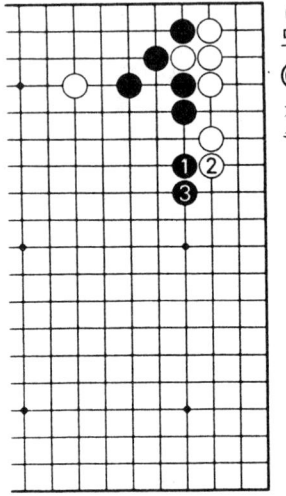

6도 ◎강수

5도

이 정석은 흑1로 날일자 하고 백 2로 받는 것과 교환할 경우에 흔히 볼 수 있다. 이것이라면 흑도 경쾌 하다. 또 흑1로 ㉮에 대비하는 것 도 부분적으로는 본형이다.

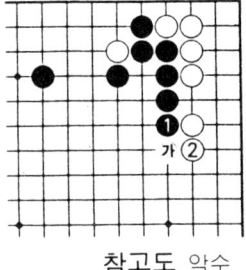

참고도 악수

6도

또 흑1로 '걸기'를 하는 수도 있다. 백2의 '기어가기'라 면 흑3으로 한발 먼저 '뻗어'가서 흑 양호하다.

참고도

3도 흑1로 마치 화점에 백3·3들어가기의 정석의 뒤에 흑1로 '밀기'를 한 형과 닮고 있다. 말할 것도 없이 흑1의 '밀기'는 큰 악수. 이 경우에도 거기를 칠려면 ㉮의 '걸기' 가 강한 형이 된다.

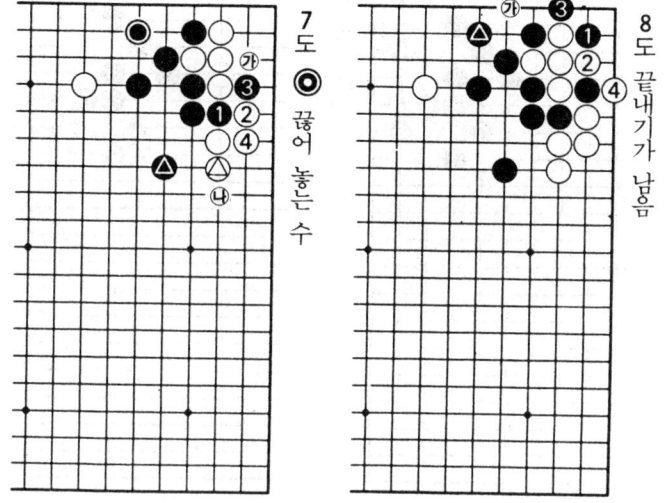

7도 ● 끊어 놓는 수

8도 끝내기가 남음

7도

다음에 3도 흑 5의 공격형과 백 6의 교환의 손실은 어느 정도 인가. 지금 2도의 정석의 후 ● 과 △ 가 교류 되었다고 한다. 이 형이 되어질 가능성은 5도에서 말했던 것처럼 제법 높다. 이 형에 ● 의 한 점이 다시 가해졌다고 하자. 이것 은 흑의 일단을 끈기 있는 모양으로 하는 좋은 수다.

이 형이라면 흑 1, 3의 시작이 작은 모양으로 나타난다. 백 4로 ㉮를 안으면 흑 4에서 ㉯의 '붙이기'가 표적이 된다.

8도

흑 1의 '붙이기'에서 3의 '건너기'가 생긴다. 선수로 무 엇보다 ● 로 '걸기'를 한 ㉮가 있는 곳이 눈 모양이 되 는 것이 믿음직하다. 흑 3의 '뛰기'가 선수로 칠 수 없으면 (3도의 흑이 그렇다) 이 부분에는 눈모양이 미흡한 것을 알 게 될 것이다.

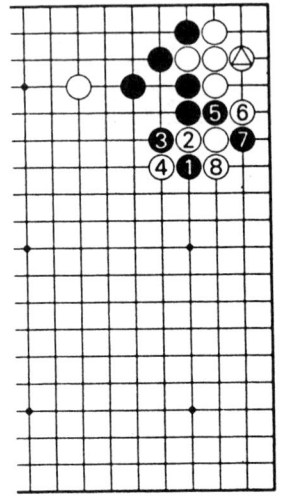

9도
타개

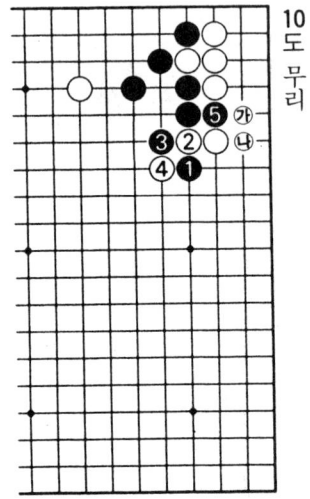

10도
무리

9 도

6 도에서 제시한 것처럼 흑 1 의 '걸기'의 근거지가 성립되지 않게 되어 있다. 백에서 2, 4 로 반발하여 흑 5, 7 의 시작에 ⊿ 가 마침 지키고 있기 때문이다.

아직도 국면에 의해서는 여러 가지 수가 있겠지만 대체로 볼때 이 정도의 가능성을 흑은 스스로 파괴하고 있는 것이다. 이것들이 백의 좋은 근거가 된다.

10도

다시 한 번 6 도의 수단에 본도(本図) 백 2 의 반격이 성립되지 않는 것을 설명하겠다.

이 형은 흑 1 의 '걸기'에 백 2, 4 의 반격은 흑 5 로 나오게 되어서 백의 무리다. 계속에서 백 ㉮ 라면 흑은 ㉯ 까지.

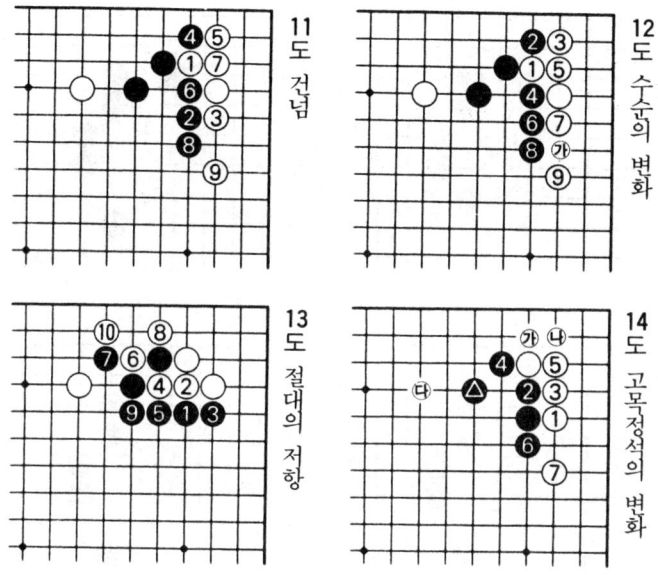

11도
건넘

12도
수순의 변화

13도
절대의 저항

14도
고목정석의 변화

11도

이 그림이 그것이다. 2도와 같이 백1로 '대각 붙이기'로 왔을 때 흑2의 '걸기'가 표적이 되는 수. 백3으로 받으면 흑4에서 8의 '뻗기'까지. 이 결과는 2도보다 흑이 좋다.

12도 순서를 바꿔보면 흑4, 6에 백㉮로 뛰게하고 7로 선 것과 동등하다.

13도 흑1의 '걸기'에는 백2로 저항한다. 백10까지 비등한 승부.

14도 2도, 12도와 비교할 수 있는 형을 제시해 본다. 흑 고목에서 ●의 '걸기'에 백1 이하는 알기 쉬운 정형. 실은 이 형에 흑㉮, 백㉯의 교환(흑 약간 손실)과 백㉰를 가한 것이 12도. 12도는 약간 백이 손해지만 본도는 ㉮, ㉯, ㉰의 교환이 미묘해서 아무 말도 못할 것같다.

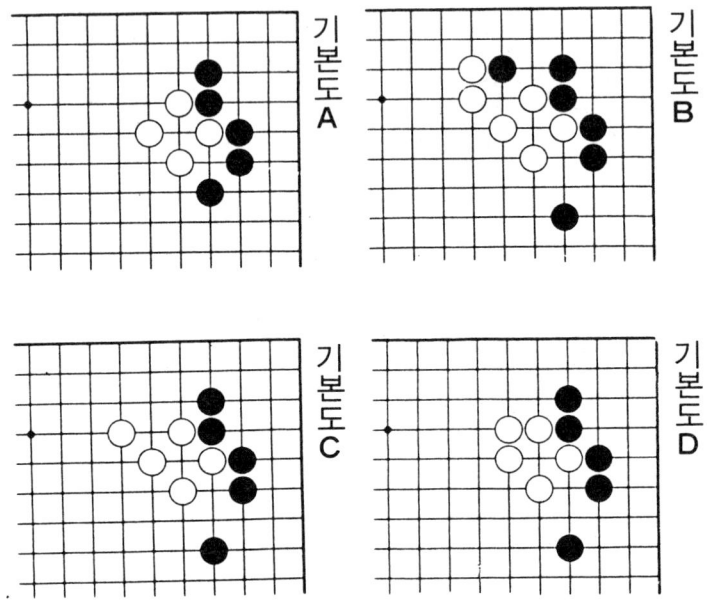

포인트 1. 기본형과 비교해 본다

제 3 형 흡사한 그림 속의 어느 것이
제일 좋은가

앞의 형까지는 기본 정석과 비교하여 선 악을 판단해 왔으나 여기서는 몇 가지의 형을 상대적으로 비교해 보는 방법을 채택해 보았다.

예를 들면 기본도 A에서 기본도 D 까지 실전의 초반에 흔히 나타나는 그림이다. 모두 닮은 형을 하고 있으나 실은 크게 다르다. 이 네 그림은 실로 큰 차이가 있다.

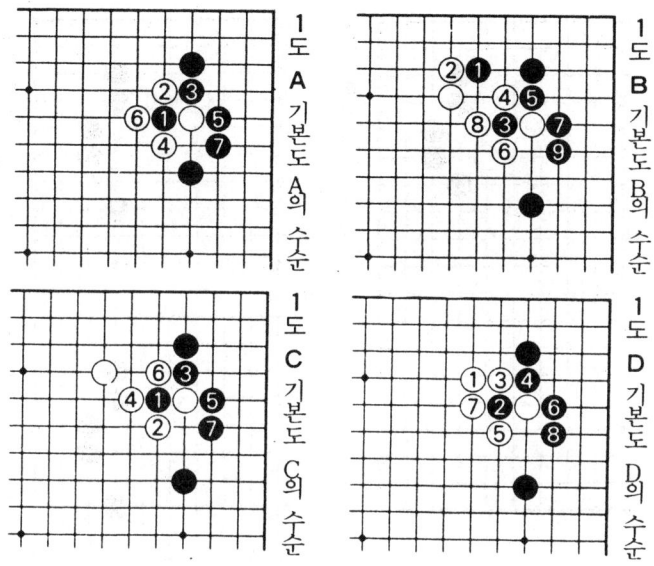

1 도 A 기본도 A 의 수순

1 도 B 기본도 B 의 수순

1 도 C 기본도 C 의 수순

1 도 D 기본도 D 의 수순

1 도

정석에 상세한 사람은 한 눈에 어느 그림이든 어떤 변화에서 생겼는가를 알게 될 것이다.

우선 A 도, 이 그림은 흔히 초보자의 바둑에 나타난다. 흑의 1칸 높은 협공에 백 손을 뺀다. 거기서 흑 1 위의 '붙이기'에서 변화된 것이다.

B 도는 흑 2칸 높은 협공에 백 눈목자. 거기서 흑 1 의 모서리에서의 변화. 2칸 높은 협공 정석의 초기에 시도된 그림이다.

C 도는 B 도와 같은 백의 눈목자에 흑 1 로 '붙이기'를 하고 백 2 에 흑 4 로 뻗는 정석을 두지 않고 3 의 '맞댐'에서 변화.

D 도는 흑 2칸 높은 협공에 백 날일자, 다음에 흑 2 의 '붙이기'에서 변화. 이것은 종래로부터 백에게 나쁘다고 되어 있다.

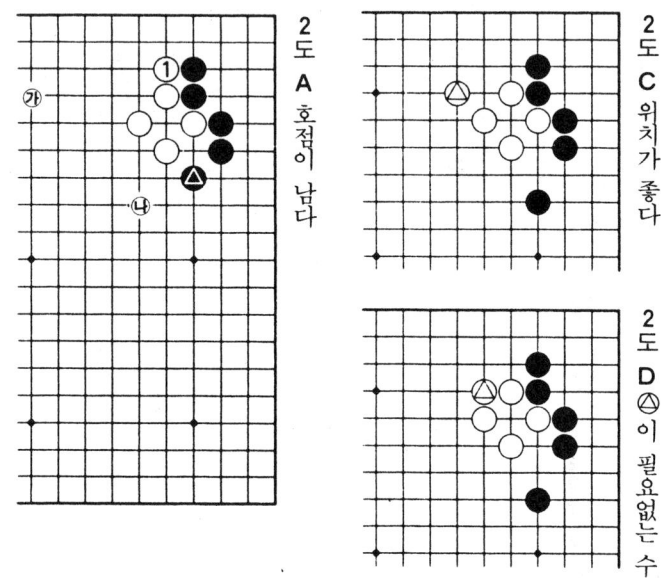

2도 A 호점이 남다

2도 C 위치가 좋다

2도 D ◬이 필요없는 수

2 도

여러분의 판단은? 실은 기본도 A에서 순서대로 백이 좋게 되어 있다. 그 이유를 간단히 설명해 본다.

A도가 제일 좋은 이유는 단순하다. 필요없는 돌이 하나도 없기 때문이다. 네 수로 상대의 한 집을 빼고 돌을 최대의 효율로 움직이고 있다. 대체로 D도처럼 ◬ 부근에 헛 돌이 붙어 있다. 그 D도와 C도를 비교하면 ◬에 백돌이 있는 D도보다는 C도의 ◬ 쪽이 기능이 있다. A도로 돌아가서 백이 거기를 친다고하면 백 1의 '누르기' 또는 ㉮ 방면의 '벌려 두기' 나아가서 국면에 기능 있는 수를 자유롭게 선택할 수 있어서 그만큼 백이 유리하다. 여기서 A도, ●의 위치가 C도, D도와 약간 다르지만 이 경우는 그다지 문제가 되지 않는다.

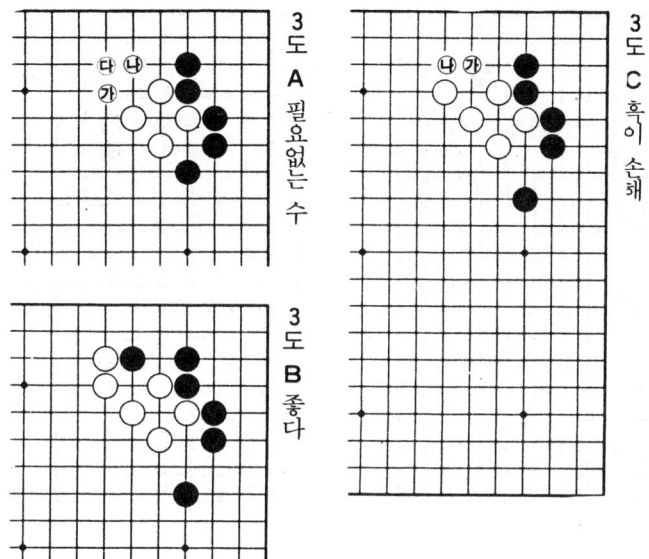

3도 A 필요없는 수

3도 C 흑이 손해

3도 B 좋다

3도

다음은 C도와 B도의 비교. 이것은 C도의 뒤에 흑㉮와백 ㉯를 교환한 것이 B도. 명확하게 이 교환은 흑이 좋지 않으며 따라서 B도 쪽은 백이 낫다고 말할 수 있다.

마지막에 B도와 A도의 비교인데 B도는 A도의 뒤에 백 ㉮, 흑㉯, 백 ㉰의 수를 가한 그림이다. 흑㉯와 백 ㉰의 교환은 B도와 같으며 흑이 손해를 보는 수지만 A도의 빼기의 상태에 곧 백㉮로 치는 것은 너무하다. 이래서는 모처럼의 A도의 우위를 손상시킨다. 따라서 그 결과도인 B도의 쪽이 A도보다 나쁘다고 할 수 있다.

이상으로 네 개의 그림 우열의 비교는 확실해졌다. 처음에는 약간 잔소리같이 느껴졌을지도 모르나 실전의 경험을 밟고 가면 직감으로 알게 될 것이다.

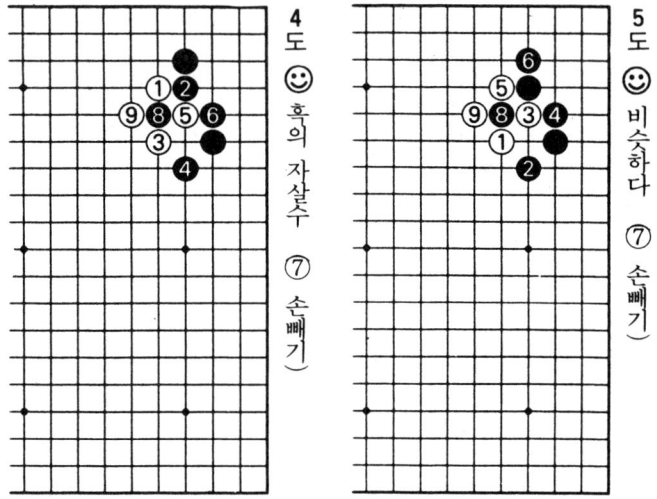

4도
(☺ 혹의 자살수 ⑦ 손빼기)

5도
(☺ 비슷하다 ⑦ 손빼기)

4 도

이상 알아보았던 것처럼 네 개의 기본도의 상대적인 평가는 비교적으로 명확히 나오지만 각각의 백, 혹의 우열을 평가하기는 어려워진다. 기본도 A에 대해서는 설명할 수 있을 것같으나 다른 것은 약간 무리다.

우선 기본도 A를 순서를 바꿔서 알아보면 백1이 약간 이상한 수로 인해 마이너스 요인이 되고 있다. 다음의 백5 역시 흥미가 없다. 그러나 백의 손빼기에 혹8의 자살수가 가혹하며 이것은 문제 외의 큰 악수이다. 바둑 초보자라도 두지 않는 수라고 할 수 있다.

5 도

이 그림도 유사한 분해도이다. 이상의 판단에서 A도는 백이 크게 양호하다고 평가할 수 있다. 이하 B도는 백이 양호하다. C도는 약간 양호, D도는 혹이 양호하다.

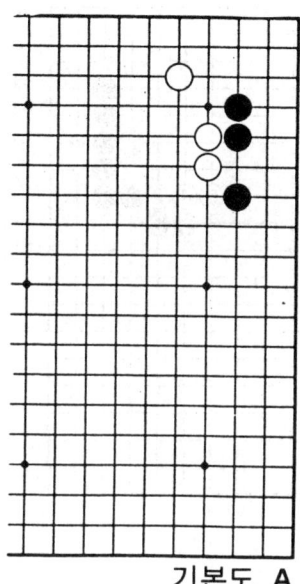

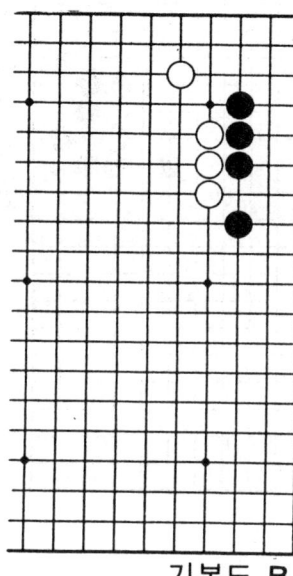

기본도 A   기본도 B

포인트 1. 기본형과 비교해 본다

제 4 형   손실처럼 보여도
한 눈의 차이도 없다

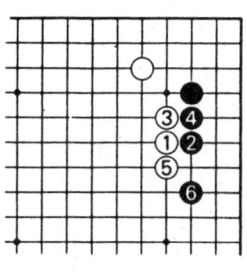

참고도 대사백변

이 A, B 두 개의 그림은 흔히 결
과 판단의 예로서 인용되는 것으로
말하자면 기본형 끼리의 비교이다.

B도는 A도에 비하여 흑이 하나 여분으로 3 선을 기고 있
다. 그래서 B도의 흑쪽이 나쁘다고 할 수 있다.

또 B도의 순서는 참고도에 나타난 것처럼 백 1 의 대사(大
斜) '걸기'에 흑 2 로 '붙이기'로 변화시킬 수 있다.

74

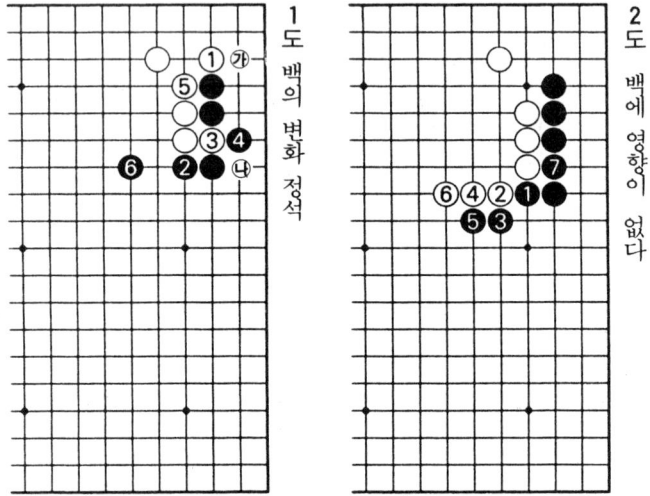

1 도
백의 변화 정석

2 도
백에 영향이 없다

1 도

내 감각으로 대답한다면 A도와 B도의 차는 공제로 하여 한 눈분도 없다. 만일 내가 흑으로 1집 얻는다고 한다면 B 도는 기뻐하며 둘 것이다. 감각으로서는 그 정도의 차이가 있다.

엄밀히 비교할 것같은 재료는 없으나 굳이 있다면 A도는 백에서 아직 변화의 수가 있는데 대하여 B도는 중단한 그림 이라고 할 수 있다. 예를 들면 이 그림, 백 1에 '붙이기'를 하는 변화가 있다. 흑 1이 받는 데에는 백 3의 시작에서 ㉯ 의 끊음이 있어서 이하 흑 6 정도의 것. 비등한 수의 분열이 다. 물론 B도에는 그런 여지는 없다.

2 도

중단한다고 하는 것은, 예를 들면 B도 흑 1에서의 '밀어올 리기' 도 그 정도는 아니라는 것이다.

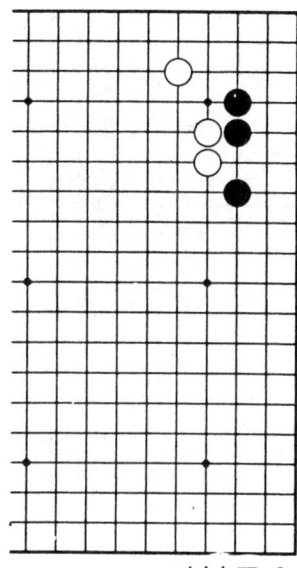

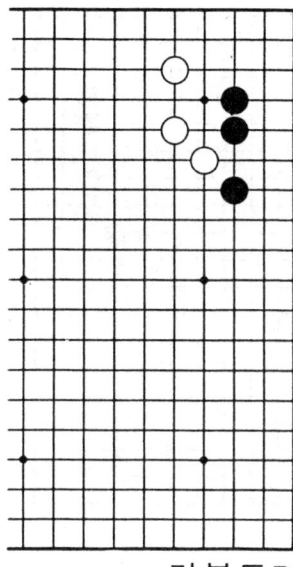

기본도 A　　　　　　기본도 B

포인트 1. 기본형과 비교해 본다

제 5 형　기본형끼리의

비교는 어렵다

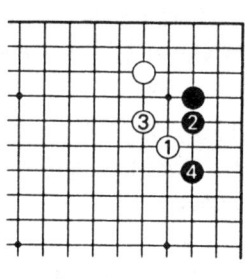

참고보 1　기본도 B의
수순

앞의 형과 같은 문제를　나타냄.
기본도 A 는 익숙해진 형이지만 기본
도 B쪽은 최근에는 거의 볼수 없는
그림이다. B도의 순서를　참고도 1
에 나타내 본다.

　그런데 이 두 개의 그림은 실제 어느 정도 다른가. B도 쪽
이 A도처럼 백 돌이 상대의 벽에 붙어 있지 않아 좋다고 하
는 설도 있으나 간단하게 평가할 수 없을 것이다.

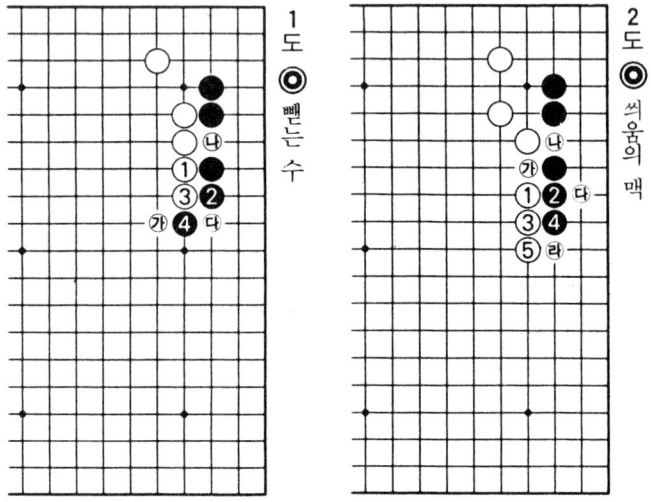

1 도 ◎ 뻗는 수

2 도 ◎ 싸움의 맥

1도

A도와 B도를 그대로 비교해도 무리. 어떠한 새로운 자료는 나오지 않는다. 그래서 각각 그림에 함유된 후의 수단의 차이를 백, 흑, 각각 조사해 본다. 백선(番)이라면 A도, 백 1, 3으로 '밀기'를 하는 것이 흔히 사용되는 수법. 흑의 '뛰기'에 백 ㉮의 뛰기는 ㉯의 시작에서 ㉰로 끊는것은 국면에 따른다.

2도

B도라면 백 1의 '걸기'가 요점. 흑 ㉮로부터의 시작은 백 ㉯가 있어서, 거기는 흑으로서는 두기가 좀 곤란하다. 만일 흑 2, 4로 기어오면 3, 5로 뻗어가도 된다. 백은 1보 먼저 머리가 나와 있어서 1도의 백보다 좋은 것은 명백하다. 흑 2로 ㉯로 대각에 두고 백 ㉮로, 흑 ㉭의 날일자로 나가는 형이지만 약간 저위(低位)라는 느낌이 든다.

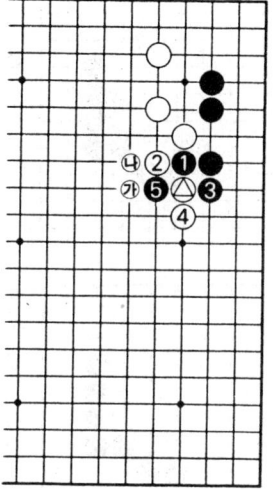

4 도

⑥ 축관계

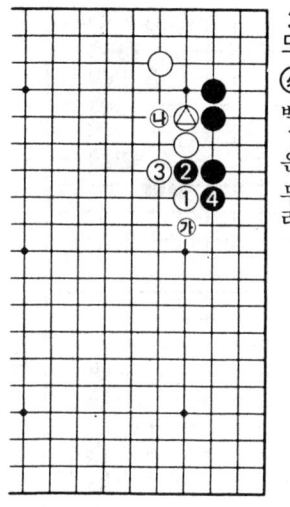

3 도

⑯ 백 1 은 무리

3 도

그렇다고 해서 A 도에서 백 1 로 '걸기'를 할 수는 없다. 흑 2 로 하나가 나오게 되면 따라서 흑 4 로 나와 단점(斷点)이 생겨서 백 ㉮로 뻗을 수가 없다. B 도에서는 ⊿가 ㉯에 있기 때문이다.

4 도

2 도의 순서 중 백은 약간의 주의가 필요하다. ⊿로 '걸기'를 했을 때 흑 1, 3 으로 구부려지고 5 로 끊어오는 수가 있기 때문이다. 다음에 백 ㉮로 축으로 취할 수 없다고 하면 ⊿은 약간 과도해지지 않을 수 없다. 흑 5 에 백 ㉯로 빼는 것이 효력적이라 하여, 그렇다고 해서 **참고도 2** 처럼 백 1 로 '밀기'를 해서는 안된다.

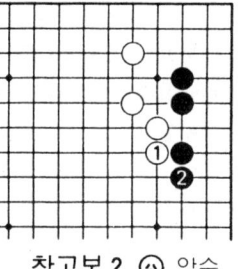

참고보 2 ⑥ 악수

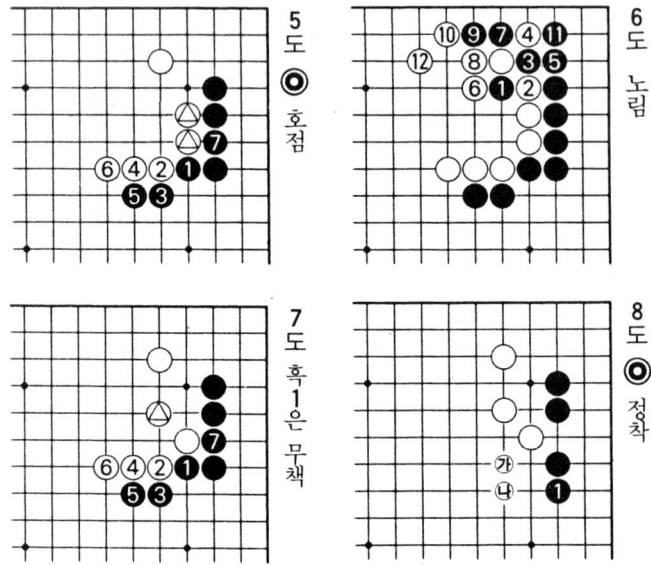

5도   A도 혹의 '밀어올리기'가 호점. 여기가 쌍방의 세력상의 초점이다. 혹 3, 5로 '밀기' 7로 수를 되돌린다.

6도   혹의 '붙여 넘기기'가 표적. 이하 백12까지 혹은 선수로 크게 수를 두게 된다.

7도

B도에서는 혹 1에서의 '밀어올리기'가 약간 문제이다. 이하 혹 7까지 되었을 때 ◎가 마침 좋은 형이 되어서 상변에 흥미가 없는 것이 6도와 다른 점이다.

8도

B도의 경우는 혹 1로 묵묵히 나란히 해 놓는 것이 허리에 힘을 주는 수가 된다. 이렇게하여 다음에 ㉮나 ㉯의 '뛰기'를 본다. 만일 백㉯로 바꾸면 2도와 비교해 보아도 혹이 양호하다는 것을 알 수 있다.

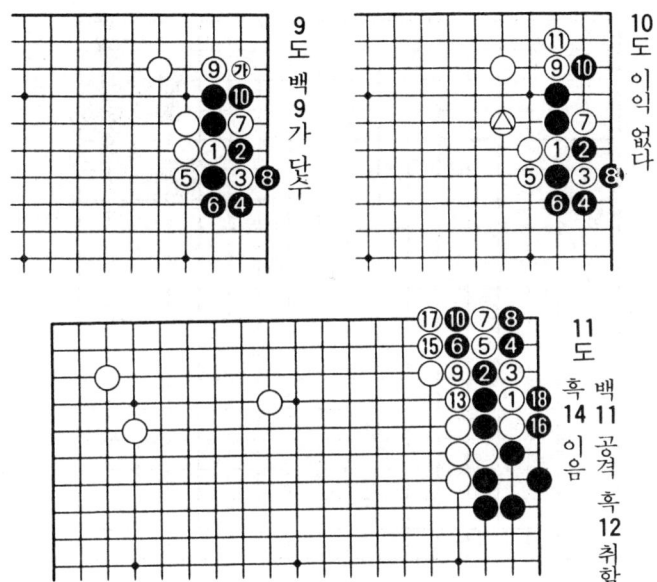

9도
백9가 닿수

10도
이익 없다

11도
백11 공격 흑12 취함
흑14 이음

9도

이번에는 A, B도 각각의 흑에 대해서의 효력 상황을 알아보자.

우선 A도. 백9의 '붙이기'가 선수로 효력이 있다. 그 후백 ㉮의 '누르기'가 크다.

10도

한 편 B도쪽은 ⓐ의 공백이 있기 때문에 9도처럼 둘 수는 없다. 가령 백1이하 같은 순서를 취한다고 해도 백9의 '붙이기'에는 흑10으로 뛰게 하여 후수가 되고 만다.

11도

만일 이 그림같은 대비를 한다면 9도, 백9에서 1로부터 기는 것 같은 표적이 된다. 흑4로 '누르기'를 당하고 한 수 지게 되는데 이하 흑18까지 선수로 둘 수가 있다.

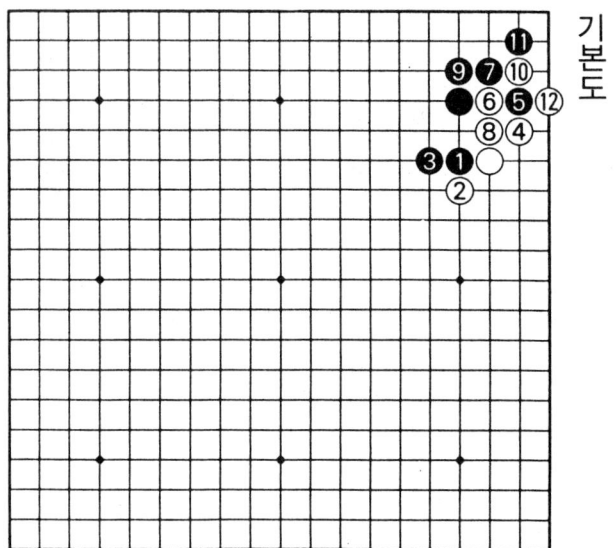

포인트 2. 순서를 바꾸어 점검해 본다

제 1 형 대단한 손실이 보이지 않은 것, 결과 판단으로 큰 손실을 발견

　지금까지 몇 가지가 나왔으나, 완성된 그림의 선악을 '결과 판단으로' 검토하기에는 이 순서를 바꿔보는 방법이 제일 일반적인 것으로 적용 범위도 넓다고 할 수 있다. 순서를 바꾸어 다른 시점에서 봄으로 그 결과에 뜻밖의 발견을 하게 되고 새로운 가치 판단이 생겨나게 된다.

　기본도 백12까지 이 갈림은 혹이 크게 나쁘다. 혹 9 까지는 10에 이어지는 것이 바른 정석이다. 그럼 이 그림의 어디가 나쁜가.

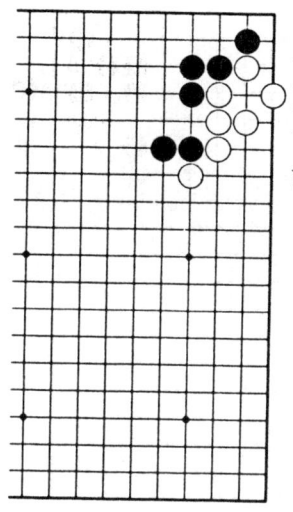

1도
완성된 그림

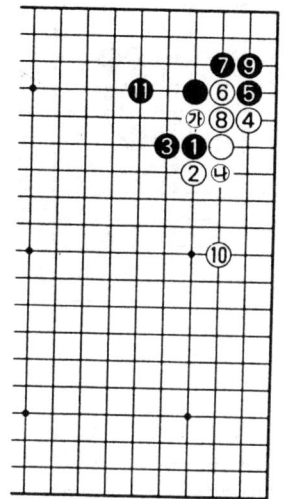

2도
◉ 흑 9가 정석

1도

기본도는 도중의 수를 생략하고 제시해 보았다.

2도

기본도 백 **8**에는 본도(本図) 흑 **9**의 '이어짐'이 절대적, 흑**11**까지로 일단락이다. 특히 흑 **9**의 '이어짐'은 쌍방의 근거에 관계되는 점으로, 이 정석의 큰 포인트가 된다.

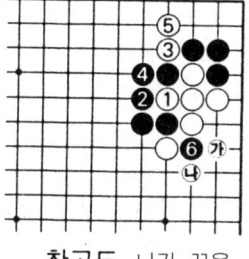

참고도 나가 끊음

초보자는 백 ㉮로부터의 시작을 두려워한 나머지 기본도 처럼 약하게 되기 쉬우나 흑 ㉯로부터의 공격이 있는 이상 곧 수비하지 않아도 된다.

이하 **참고도**에 그 순서를 나타내 본다. 백 **3**, **5**에 흑 **6**으로 다시 끊으면 백은 궁지에 몰린다. 백 ㉮로 뻗어 있어서 문제는 없다.

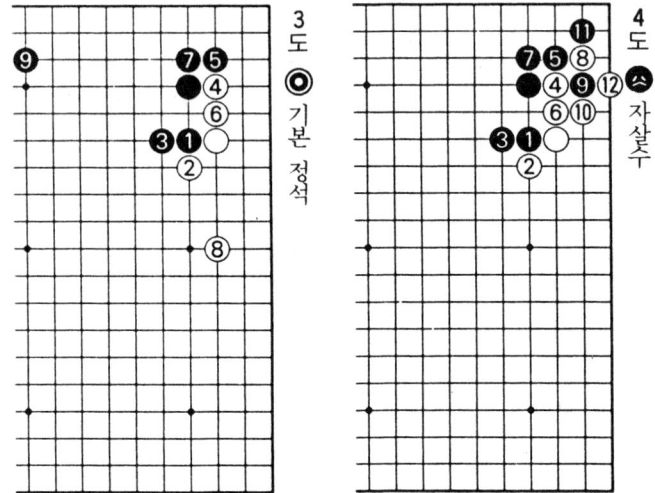

3도
◎ 기본 정석

4도
자살수

3 도

그럼 왜 기본도가 나쁜지 검토해 본다. 이와 비교하기 위하여 유사한 '붙여뻗기' 정석을 하나 게재한다. 본도 흑 9 까지, 역시 일반적인 정석이다.

4 도

기본도의 순서를 바꿔보면 위의 것처럼 된다. 흑 7 까지는 3 도의 정석과 같다. 다음의 백 8 의 뛰기가 약간 이상한 수다. 흑은 묵묵히 11로 '누르기'를 당한 악수가 되는 때이다. 그런데 무엇을 잘못 생각했는지 흑 9 로 초보자조차 두지 않는 수를 두고 말았다. 백12로 한 점이 빠지게 된 흑의 큰 손실이다. 이 그림이 기본도가 완성된 그림이다 (1 도).

이 흑 9 의 운영이 얼마나 나쁜 것인가―.

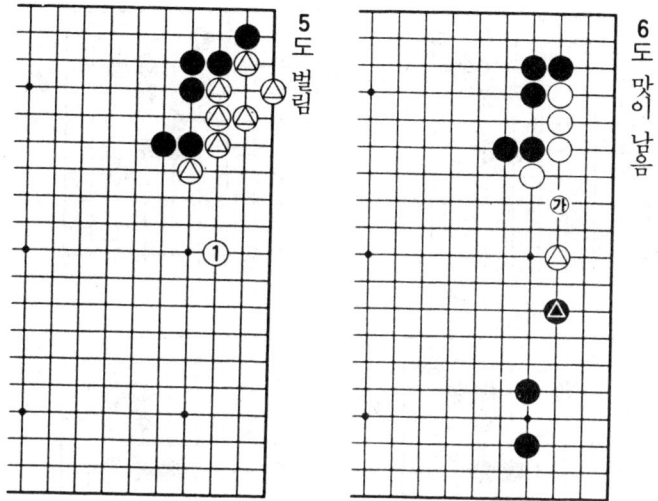

5도
벌림

6도
맞이 남음

5도

우선 먼저 빼낸 △의 돌이 완전히 강해졌을 때이다. 따라서 백 1 등 우변에 대비의 '벌려 두기'를 둘 필요가 없어지고 말았다. 수를 빼도 흑에서 이 백의 돌을 추격할 수 없게 된 것에 주목해야 한다.

6도

3도의 정석을 수를 생략하고 게재한다. 이 그림에서는 △로 거리를 두고 있어도 아직 이 백은 엷은 형, 예를 들면 우변에 이런 형으로 ▲의 협공으로 오거나 하면 즉 ㉮의 공격이 성립된다. 다른 것도 국면에 따라서는 여러가지 재미나 표적이 생길 것이다. 아뭏든 모습이 정해지고 있지 않은 이상 백에 불안이 따라다닐 것이다. 그러나 5도처럼 백이 견고하면 어떻게 할 수가 없다. 앞으로의 국면 전개에서 결정적인 수가 나오게 될 것이 예상되어 진다.

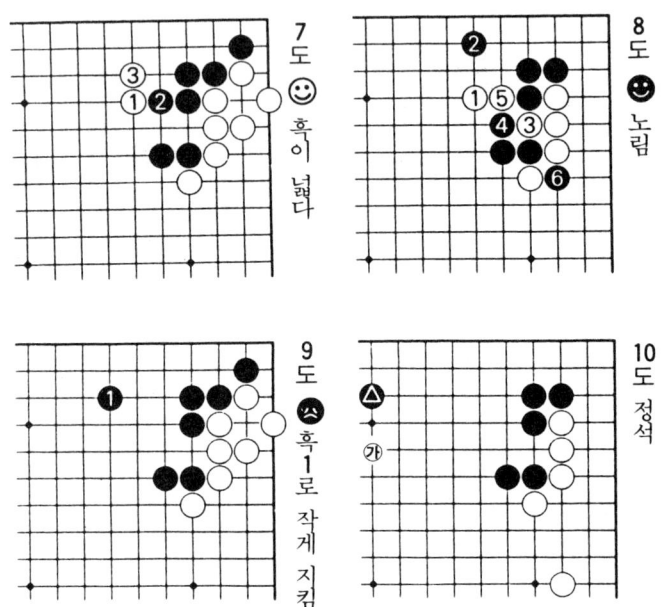

7도 ☺ 흑이 넓다

8도 ☺ 노림

9도 ☖ 흑 1로 작게 지킴

10도 정석

7도 예를 들어 흑이 수를 빼면 백 1, 3 의 엄한 공격이 생긴다. 백 1 에는 3 도 있을 것이다.

8도

정석의 나누어진 형이라면 백 1 에는 흑 2 로 미끄러져도 좋다. 백 3, 5 의 시작에는 흑 6 의 '끊기'가 있기 때문이다.

9도

결국 흑은 1 로 대비할 정도. 이래서는 '붙여 뻗기'로 크게 두려고 했던 당초의 의도에서 보아 큰 후퇴라고 하지 않을 수 없다.

10도

정석의 분파라면 ◭ 의 '벌려두기'에서 다시 흑 ㉮ 로 입체적으로 부풀어 오를 수가 있다. 이 차가 크다.

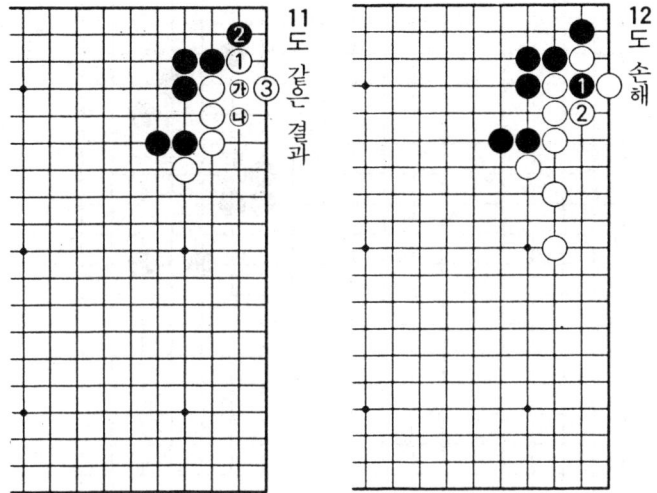

11도
가
같은
결과

12도
손해

11도

이상으로 기본도와 정석형의 차이를 확인해 보았는데, 마지막으로 초보적인 주의를 해 놓겠다.

기본도는 본도, 백 1 의 뛰기에 흑 2 로 누르고, 백 3 으로 변하고 그 후 흑 ⑦, 백 ⑭ 로 생각해도 좋다. 중요한 것은 흑 ⑦와 백 ⑭ 의 교환 가치를 정확히 평가하는데 있다.

12도

예를 들면 최초부터 이러한 형이 되었다고 하고 (이 경우에는 백이 견고하다) 어떤 이유로 흑 1과 백 2 의 교환이 되었다고 해도 그 손실은 11도와는 비교가 되지 않는다. 부분적인 손실에 한정되어 있기 때문이다. 당연한 일이겠지만 결과 판단으로 보고 착오가 없기를 바란다. 요는 돌의 기능이나 주위에의 영향을 될 수 있는대로 정확히 비교해야 한다.

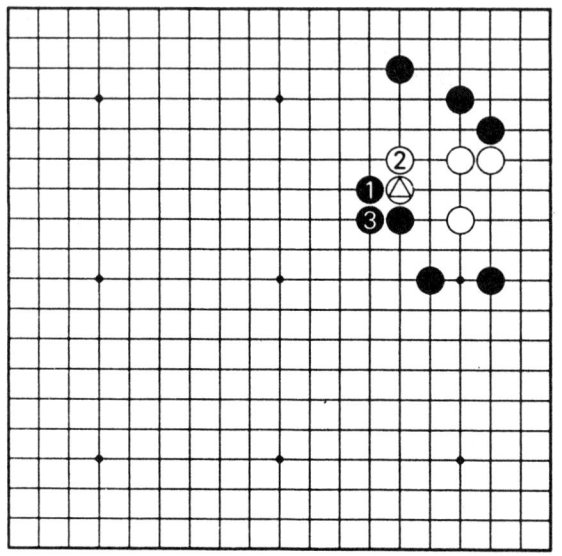

포인트 2. 순서를 바꾸어 보고 검토해 본다

제 2 형 당연한 것처럼 보이는 한 수도
순서를 바꾸어보면

순서를 바꾸어서 검토해 보는 방법은 정석에만 한하지 않는다. 중반의 싸움에서나 어떤 국면에서도 사용할 수 있는 방법이다. 우선 지극히 간단한 형의 것으로부터 게재해 보기로 한다.

기본도 ⓐ의 '붙이기'에 혹 1, 3으로 뛰어 이어졌다. 백 돌을 공격하여서 당연한 수처럼 보이지만 약간 문제가 있는 그림이다.

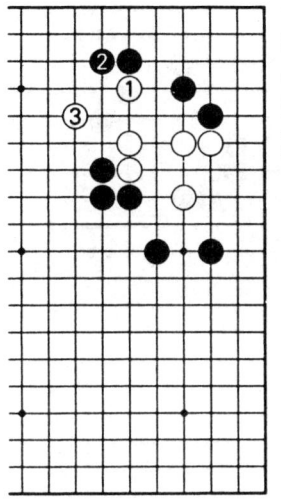

1 도 흑의 불만

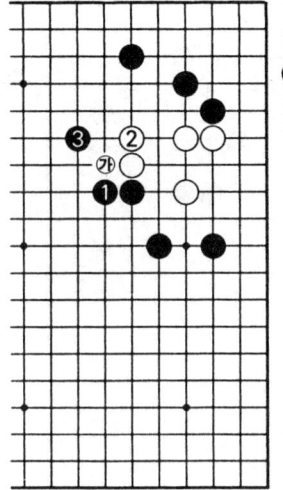

2 도 😊 정수

1 도

원래 우변의 백돌은 수를 빼고 있어 괴로운 형이다. 기본도의 공격에 백은 괴롭지만 흑의 공격에도 박력감이 보이지않는다. 예를 들면 그 후 백 1 에서 3 정도로 두어도 편하게 빠져나갈 수 있다.

2 도

이러한 경우는 흑 1 로 묵묵히 뻗어있는 것이 형. 보기에는 느린 것처럼 보이지만 백에 치는 형이 없고 기본도와 같은 2 정도의 것. 이어서 흑은 3 으로 엄하게 공격하게 된다.

이 차이는 기본도의 순서를 바꾸어 보면 잘 알게 된다. 본도는 흑의 뒤에 3 이라고 하는 밀접한 공격의 수를 둔 데 대해서 기본도는 3 의 수로 ㉮로 구부려 둘 계산이다.

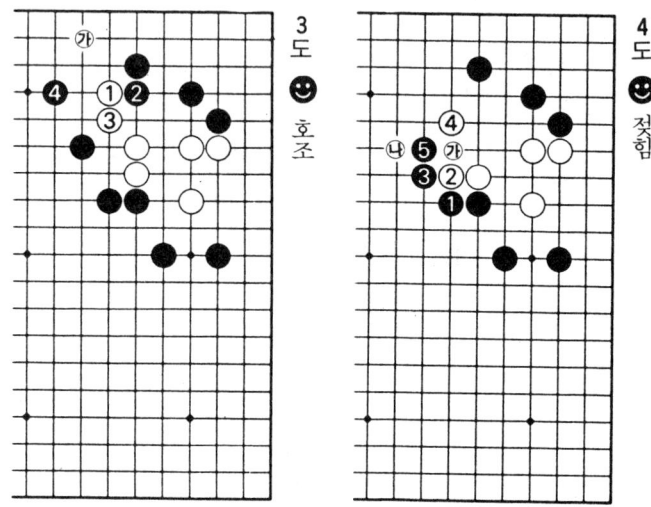

3 도

앞의 그림의 후속. 백이 1 에서 탈출을 시도해 보아도 흑 4 까지 통쾌한 공격이 기대된다.

4 도

흑 1 의 '뻗기'에 백 2 의 '밀기'라면 흑 3 으로 머리를 누르는 것이 좋다.

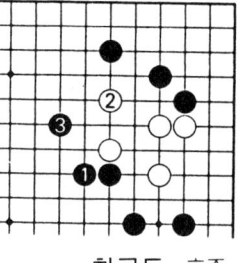

참고도 호조

백 4 의 '뛰기'에는 흑 5 의 '뻗기'로 역시 백의 괴로운 형. 또 4 에서 5 의 '뛰기'라면 곧 ㉮로 끊어도 좋고 또 ㉯ 로 2 단으로 뛰어도 된다.

참고도

또 흑 1 의 '뻗기'에 백 2 로 벗기는것도 형이지만 역시 흑 3 의 날일자로는 백은 용이하지 않다.

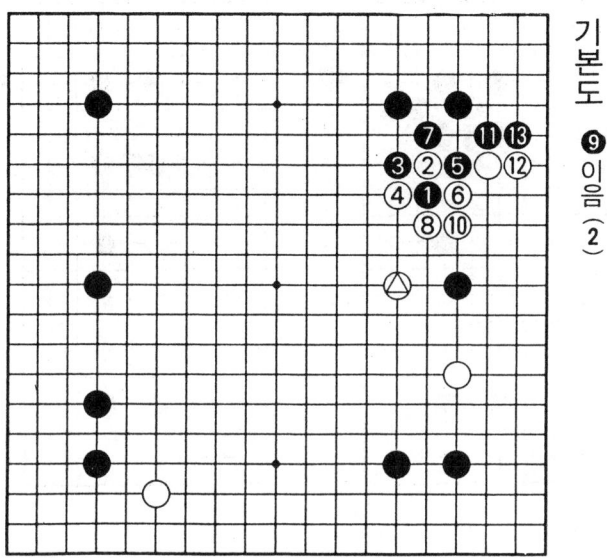

포인트 2. 순서를 바꾸어 검토해 본다

제 3 형   빠져든 원인을 검토해 보자

여섯 점 이상을 놓고 두는 바둑같은 데서 흔히 볼 수 있는 그림을 자료로 하여 순서를 바꾸어 선 악을 검토해 보자.

지금 우변 △로 막았다. 이것은 능숙한 상투 수단이다. 보통으로 둔다면 너무 간명하여 다소 무리를 하더라도 혼동을 찾으려고 하는 것. 여기에 대해서 흑 1 의 눈목자. 이것도 흑으로서는 생각할 수 있는 수다. 여기서 백은 2 에서 4 로 바꾸어 흑의 실험을 확인해 보았다. 아무래도 흑 5 에서 13까지, 혹은 훌륭하게 백의 함정에 걸린 모양이다. 대체 어느 수가 나빴는가? 또 그 나쁜 정도는?

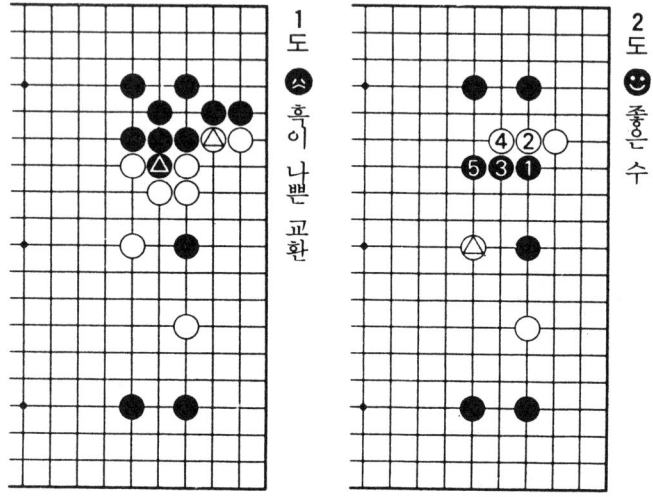

1 도
⑤ 흑이 나쁜 교환

2 도
☺ 좋은 수

1 도

기본도의 완성된 그림이다. 아무래도 무리한 상황에 있는 그림이다. 처음 ●로 눈목자를 하고 △의 한 점을 크게 분단, 포위하는 결과가 이래서는 흑으로서는 울려고 해도 울지 못하는 형이다. 흑의 돌은 모두 안쪽에 들어가고 기능을 잃고 있는 데에 반하여 백이 둔 돌은 충분히 기능을 가지고 있다.

2 도

△의 방지에 흑 1 로 어깨를 찌르고 가는 것은 잘 알려진 형이다. 백 2, 4 의 밀어올리기에 흑 3, 5 로 항상 한 발 먼저 머리를 낸다. 간명하기는 더 이상 없을 것이다. 2 도의 진행과 1 도의 차이를 확인할 것.

다만 기본도의 흑 1 (본도의 흑 3)도 좋았다. 뒤가 나빴다. 예를 들면 기본도 백 2 의 '붙이기'(본도 백 4)에 본도 흑 1 로 돌아가고 백 2, 흑 5 로 되었어도 2 도와 같은 진행이 된다.

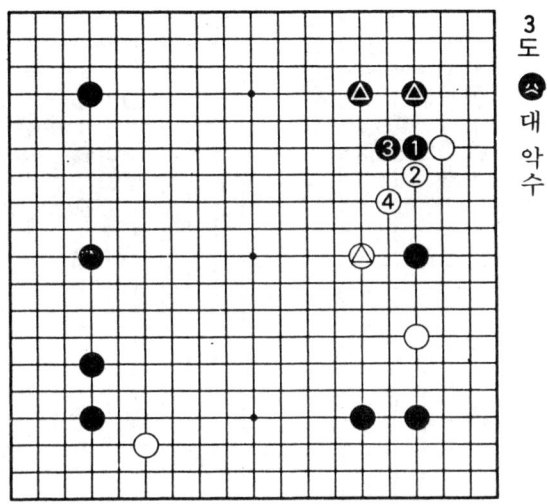

3 도

기본도의 결과를 순서를 바꾸어 검토해 보자. 몇 가지 상정 (想定) 순서를 그릴 수 있으나 한 번 본도에서 설명해 본다.

◎의 방지에 혹 1, 3 으로 '붙여 뻗기'로 시작했다고 한다. 백 4 까지 이 분열은 혹이 불만스럽다. 그 죄는 거의 처음의 '붙여뻗기'에 있었다고 해도 과언은 아니다. 우변 화점의 약한 돌 쪽에서 착수하지 않고 상변 ⚫의 이미 강화된 돌 쪽에서 두고 있기 때문이다. 혹 1, 3 은 필연적으로 백 2, 4 등과 우변의 백의 돌을 강화시키는 것이 되고, 결국에는 우변의 혹 한 점을 더욱 약화시키고 있다.

혹은 헐렁해져서 기능이 약화되고, 이것은 혹이 나빠지는 것이 당연하다. 2 도와 비교해 보기 바란다. 2 도는 오른쪽 위의 백 한 점이 분단되어 있고 본도는 역으로 백이 연락하고 혹 한 점이 고립되어 있는 것을 알게 될 것이다.

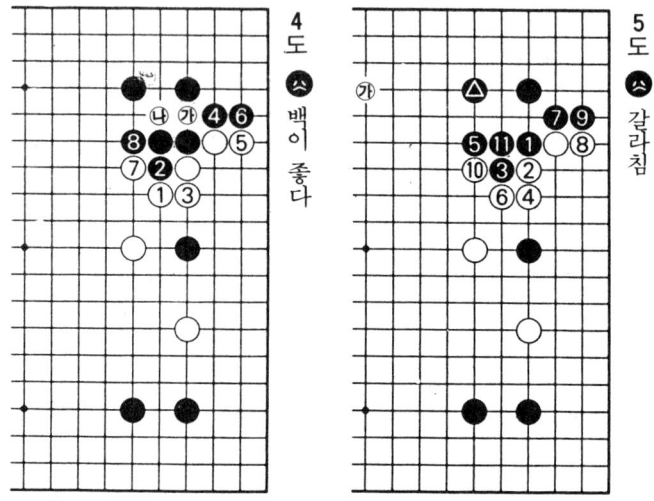

4 도
❹ 백이 좋다

5 도
❹ 갈라침

4 도

백 1 의 대각은 약간 이상하지만, 별일은 없을 것이다. 다음의 흑 2 의 '내밀기'는 백 3 으로 바꾸어지고 확실히 악수. 백의 모습이 정비된 것이다. 흑 4, 6 은 어쩔 수 없다고 하고백 7 의 '뛰기'에 흑 8 의 응수가 정확히 기능을 발휘하여, 이그림에 백 ㉮, 흑 ㉯를 교환 (이것은 이미 흑이 견고해져 있어서 거의 손실이 없다) 한 것이 기본도이다. 이상의 결과판단에서 흑이 좋지 않다는 것을 증명할 수 있다고 본다.

5 도

여기서 수 하나를 바꾼 예를 들어본다. 흑 1, 3 의 '붙여뛰기'에서 5 의 '걸어잇기', 이하 11까지. 기본적으로는 3 도 ,4 도에서 설명한 순서와 다른 것은 없다.   역시 방향이 크게 다르다. 거기다 상변의 흑의 대비에 대해서 말하면 ● 의한 점이 전혀 다른 정도이다. 오른쪽 위의 구석이 이만큼 견고하면 당연히 ▲ 는 ㉮ 부근에 있어야 했던 것이다.

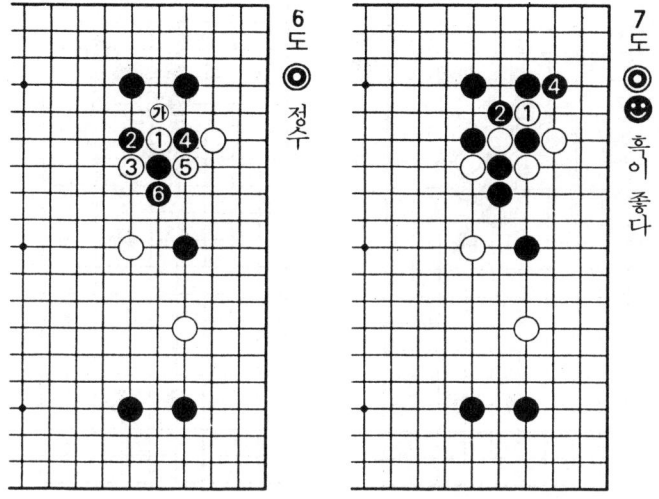

6 도

◉ 정수

7 도

◉ 😊 흑이 좋다

6 도

그럼 다음에 기본도의 흑의 수에 대해서 좀 수정해 보자. 원래 백 1, 3 의 착오는 백이 약간 무리한 요점이다. 백도 그것을 주지않고 있으며 접바둑이기 때문에 강행하고 있는 것으로 보인다.

흑 4 의 '안기', 백 5 의 되받아 치기에 다음의 흑 ㉮ 의 손뺌이 실수를 했다. 여기는 무엇이 어떻든 흑 6 이 뻗어 나가는 수다.

7 도

계속해서 백 1 '손뺌'에 흑 2 로 '맞댐', 백 3 의 '이어짐'을 기다리고 흑 4 의 급소의 내려가기. 이렇게 두면 우선 흑에 나쁜 결과는 나오지 않는다. 무엇보다 흑 4 로 내려가서 오른쪽 위의 구석을 확실한 것으로 한 여유가 있다.

94

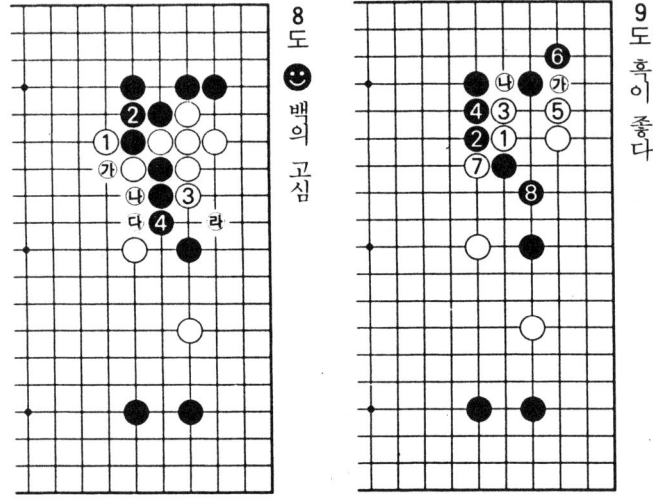

8
도

☺
백
의

고
심

9
도
흑
이

좋
다

8 도

다시 한 번 그 뒤의 진행을 약간 설명해 보면, 백 1, 흑 2 의 뒤, 백은 3 으로 기는 것이 최선일 것이다. 그러나 여기에는 흑 4 로 거리를 두고 있어 나쁘지는 않다. 다음에 흑 ㉮, 백 ㉯, 흑 ㉰ 의 진행과 우변 흑 ㉱ 가 서로 맞보고 있다.

9 도

또 기본도에 되돌아 가서 백 1 의 '붙이기'에서 3 으로 뛰어 오는 것은 흑 4 로 여유가 있다. 백 5 와 나란히 될 정도이지만 흑 6 으로 받는 것이 호수(好手). 이것으로 흑 ㉮ 로 누르는 것은 백 ㉯ 로부터의 상처가 남아 있게 되어 좋지 않다. 이어서 백 7 로 끊어와도 흑 8 로 백이 무리한 것은 확실하다. 참고로 기억해 주기 바란다.

이처럼 접바둑에서의 미숙한 수는 상수에게 속기 마련이다. 그리고 대체로 결과를 판단해 보면 미숙한 사람의 돌의 효율이 나쁜 것도 알게 된다.

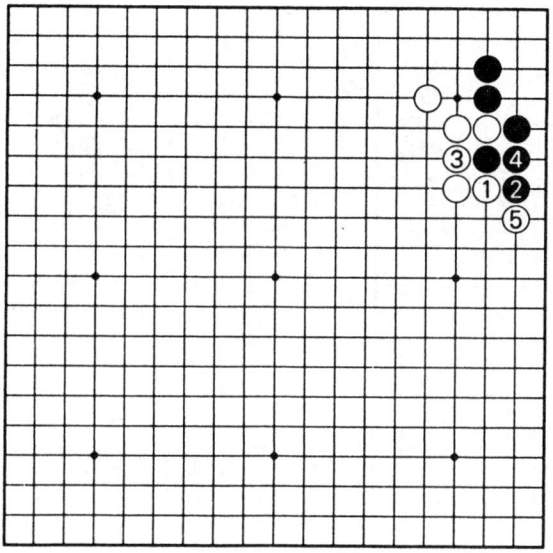

포인트 2. 순서를 바꾸어 검토해 본다

제 4 형 '후수의 선수'와 '선수의 후수'

제 2형은 다른 면에서 보면 일견 선수로 보여도 실은 수가 되돌아가는 일이 있다는 것을 가르쳐주고 있다고 할 수 있다. 역으로 말하면 한 번 본 자리에 되돌아 가고 있는 쪽이 다음에 좋은 결과를 낳기 쉬운 것이다.

기본도는 고목(高目) 정석으로부터 변화한 것이다. 지금 백 1로 누르고 왔다. 물론 다음에 백 4로 선수가 된다. 흑 2로 「뛰기」 이하 백 5까지. 다른 문제는 없어 보이지만 실은 크게 당한 것이다. 겨우 5수 뿐이지만 악수 뿐이었다고 해도 좋다. 그럼 그 악수란―.

96

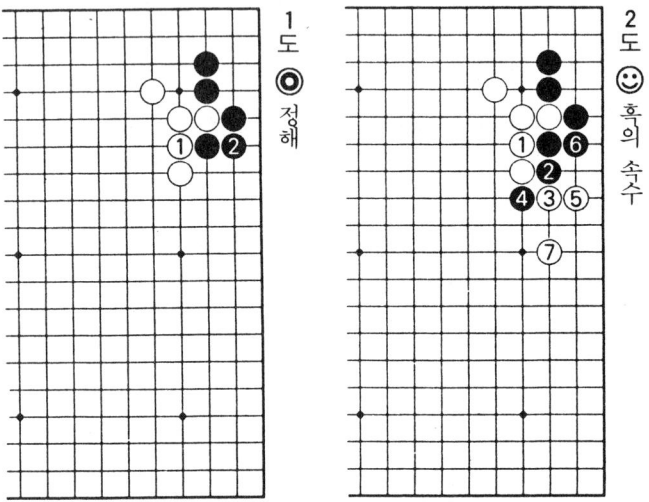

1 도 ◉ 정해

2 도 ☺ 흑의 속수

1 도

서론 없이 악수를 지정해 본다. 우선 기본도 백 1의 「누르기」가 큰 악수. 여기는 본도, 백 1로 등을 「핀 붙기」를 하는 것이 바른 수. 흑은 어쩔 수 없이 2로 가서 백은 선수를 잡게 된다.

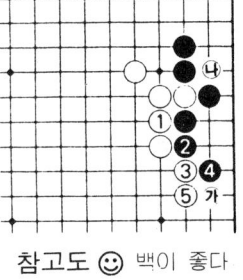

참고도 ☺ 백이 좋다

2 도

백 1에 2로 기는 것은 속수. 백 3으로 누르고 다음은 흑에 좋은 수가 없다. 흑 4로 끊어도 백 7의 「뛰기」까지 백이 양호.

참고도

흑 2 , 4로 밑으로 뛰어서 온다면 백 5로 뻗어 있어서 문제가 없다. 백으로서는 ㉮의 2단 뛰기도 있으나 ㉯의 단점을 겨누어 단(單) 뻗기 쪽이 좋을 것같다.

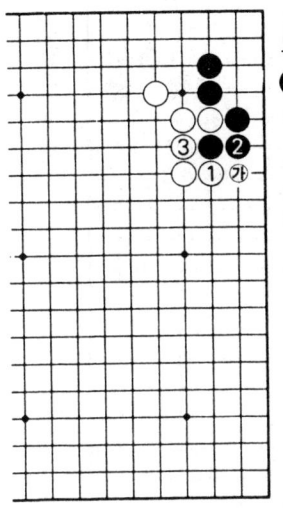

3 도

😊 백 1은 악수

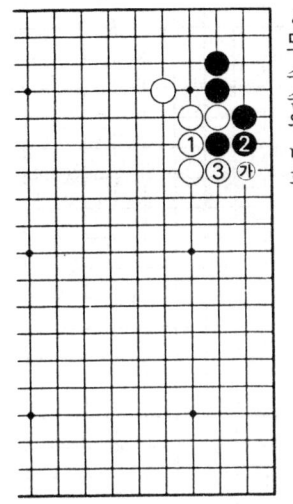

4 도

수순의 변화

3 도

다음은 기본도, 흑2의 「뛰기」가 역시 악수. 여기도 흑2로 그대로 이어져 있는 것이 바른 수다. 백 수를 빼면 흑3으로부터의 시작이 있어서 백3의 대비가 필요하다. 그것을 흑2로 뛰고 백3이 선수가 되었다.

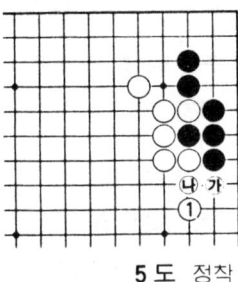

5 도 정착

4 도

3 도는 순서를 바꿔 말한다면 1 도의 백1, 흑2의 바른 순서의 뒤. 본도, 백3으로 이상한 곳으로 구부린것과 같다. 말할 것도 없이 백3은 불필요하다.

5 도

마지막으로 기본도, 백5. 이것은 물론 필요없는 수다. 두려면 백1로 뛰어 두는 것이 상식. ㉮로 누르고,㉯의 끊기나 1의 엿보기를 낳게 하는 것은 어리석은 일이다.

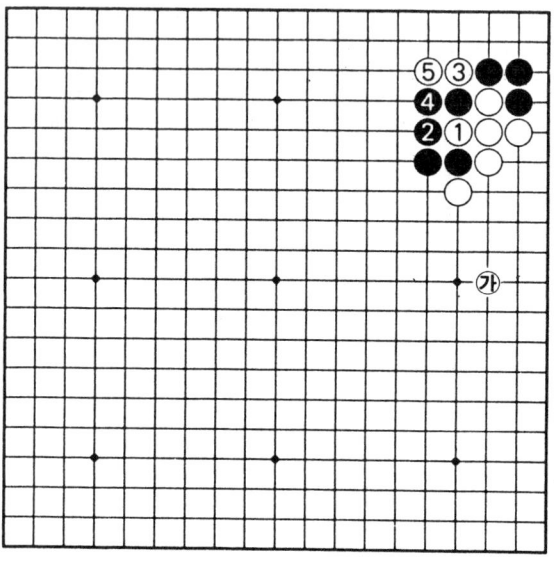

기본도 혹선

포인트 2. 순서를 바꾸어서 검토해 본다

제 5 형
상대가 정석을 놓친 것을 추궁하면 얼마나 덕을 보는가

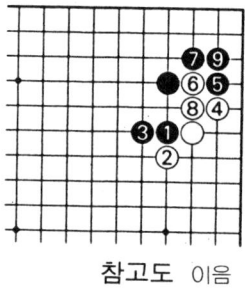

참고도 이음

포인트 2 의 마지막의 실전형이다.

기본도는 참고도의 순서대로 되는 정석. 이 형은 포인트 2 의 제 1 형으로 한 것이다. 지금 여기서 백은 정석대로 ㉮로 거리를 두지 않고 1에서 시작한다. 그런데 흑은 어떻게 백의 무리(無理)를 추궁해야 되겠는가. 또 그 결과 판단은?

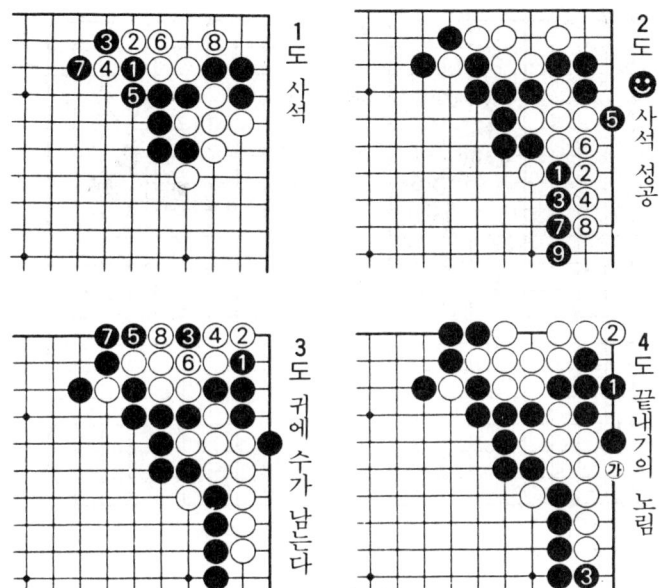

1도 사석

2도 ☺ 사석 성공

3도 귀에 수가 남는다

4도 끝내기의 노림

　　1도　　흑은 1로 평범하게 누르면 된다. 백2는 흑3의 2
단「뛰기」. 백8까지는 당연히 —.
　　2도　　흑1로 끊는 것이 엄하다. 이렇게 당하면 백은 2
로 응수하고 저위를 기지 않을 수 없다.
　　3도　　2도의 백 자리는 아직 완전하지 않다. 흑1에서 3
이 요점. 백4는 어쩔 수 없이 이하 백8까지, 흑은 다시 백
을 졸라붙일 수 있게 되었다. 거기다 —
　　4도
　　3도의 뒤, 다음에 흑1로 들어가고 다음에 흑2로 패
의 표적이 있다. 백2로 거절하면 흑3의 누르기. 다음에 백
㉮로 누르고, 한 수 끝내기지만 이런 수가 있으면 백은 견
딜 수가 없다.

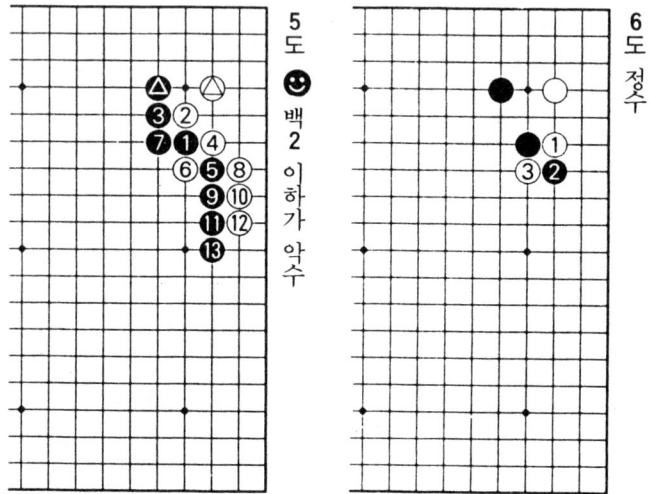

😊
백
2
이
하
가
악
수

5도

이상의 그림에서 이 분열은 흑이 문제없이 좋다고 하겠으나 그것을 다시 한번 확인해보기 위해, 여기서 순서를 바꾸어 그 선, 악을 구체적으로 검토해 보자. 우선 2도를 기준으로 하고—.

먼저 ⊘에 ▲의「높이 걸기」에서 흑1로「걸기」를 했다고 하면, 여기서 백2, 4의 응수는 큰일나는 속수. 흑5로 2단으로「누르기」를 당하게 되면 백, 좋지 않은 형이다. 계속되는 백6, 8의「맞댐」도 나쁘다. 또 백10, 12의 자리도 좋지 않다. 즉 여기까지의 진행에서는 백의 수는 모두 악수이다.

6도

5도 백2에서는 본도, 백1의 단(單)「붙이기」가 바른 요점. 흑2의「누르기」라면 거기서 백3으로 끊는 형이다. 그뒤 여러가지 변화가 예상되지만 이것이라면 우열이 없는 진행이 될 것이다.

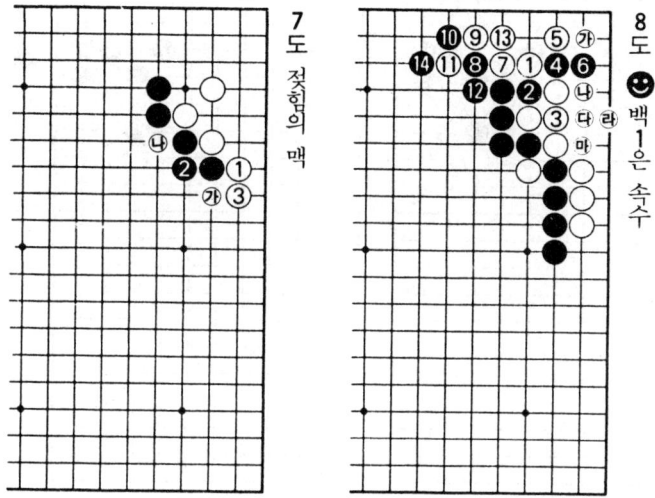

7도 젖혀막음의 맥

8도 😊 백1은 속수

7도

또 5도 백6, 8에서는 본도, 백1로 뛰는 것이 요점. 이거라면 백이 한발 먼저 머리를 내밀 수가 있다. 흑2에서 ㉮의 「뻗기」라면 백3으로, 이번에는 ㉯쪽에서의 '끊기'로 본다.

8도

5도에 이어서 백1. 이 수도 흥미없는 악수이며 흑2에서 7로 '누르기'를 당해도 좋다고는 할 수 없는 형. 그러나 여기서 흑2의 돌격에서 4의 '끊기'도 백의 결함을 본 예리한 응수이다. 백은 5로 '맞댐'을 할 정도이지만 다음의 7도를 약간 탐내는 기미다. 이 수로서는 아직도 ㉮를 잡아 놓은 쪽이 낫다. 흑8, 10으로 2단으로 누르고 그 후 흑㉯에서 백㉺까지를 교환한 것이 2도이다.

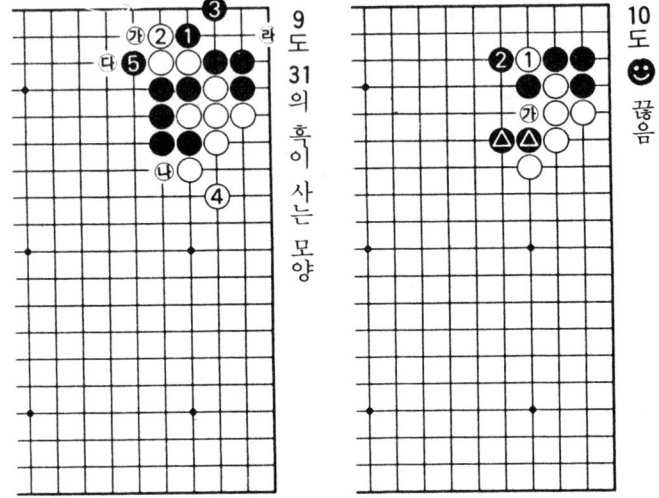

9도
31의 흑이 사는 모양

10도
😊
끊음

9도

기본도로 돌아가서 여기서 흑 1, 3으로 구석을 살리기 어려운 것은 흑이 좀 약하다. 백 4로 우선 대비하고 있다고 해도 흑은 앞의 그림 만큼의 효과를 기대할 수 없다. 이어서 흑 5로 뛰게 되면 일단 상변의 백 세 점은 잡을 수 있는 형이지만, 백 ㉮의 구부러진 모양으로 보아 ㉯의 '밀기'가 호점으로 되어 있다. 또 백 4로서는 ㉰로 버리고 올 가능성도 있을 것이다. 구석은 백 ㉳로 놓는 요점이 있고 완전히 살아 있지 않는 것이 흑으로서는 마음에 걸린다.

10도

기본도, 백 1의 시작으로 본도, 백 1로 끊어오는 것도 흑은 두렵지 않다. 염려없이 흑 2로 막아 끊은 돌을 잡으면 된다. 백 1에서의 시작은 있으나 그 경우 ● 두 점을 가볍게 본다. 결과의 판단과는 관계가 없으나 이 그림도 기본도처럼 기억해 두기를 바란다.

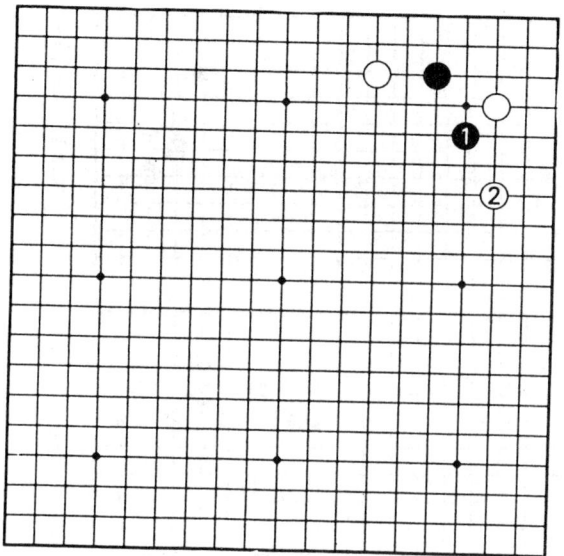

포인트 3. 정리된 그림에서 판
단한다

제 1 형   19집(目)의 함정
수의 정체

결과 판단의 세 번째는 완성된 그
림을 정리하여 판단하는 방법이다.
형이 크고 복잡하기 때문에 정형과
비교하기도 하고, 순서를 바꿔보는 것

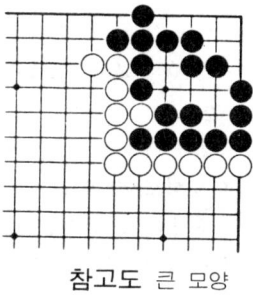

참고도 큰 모양

으로는 정리할 수 없는 실전도(実戰図)의 검토 등에 때때
로 사용되고 있다.

기본도, 흑 1의 '걸기'에 백 2가 유명한 함정수. 참고도는
그 완성도이다. 어떻게 이런 결과가 되었는가를 결과 판단으
로 검토해 보자.

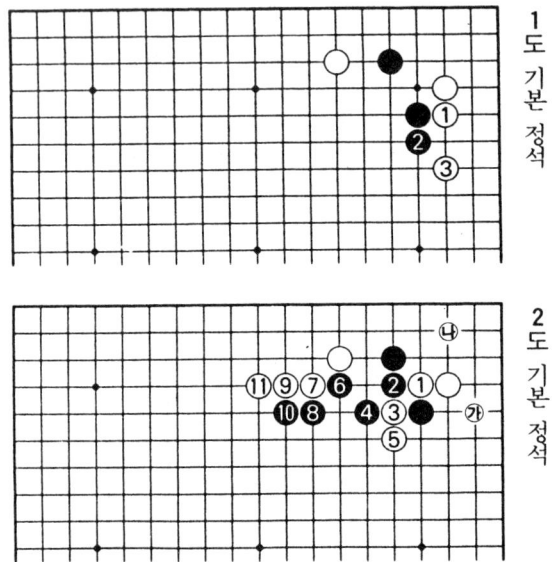

1도

기본도, 흑의 '걸기'에는 본도가 일반적인 응수.

2도

다시 백1에서 시작하여 백11의 뒤 흑㉮, 백㉯로 되는 대형 정석도 잘 알려지고 있다. 기본도 백2의 제거는 과연 책수(策手)다. 결과는 보기 좋게 흑이 나빠지고 말았으나 그 얘기에 들어가기 전에 이 세 번째의 결과 판단법에 대해서 설명하겠다.

⑴ 남아 있는 쌍방의 돌의 형태를 본다.

⑵ 자리와 두께의 평가(이것이 어렵다).

⑶ 흥미나 기능 상태에 대한 평가(미확정 요소).

⑷ 쌍방의 수수(手數)가 같은가 그렇지 않은가에 4점이 올려진다.

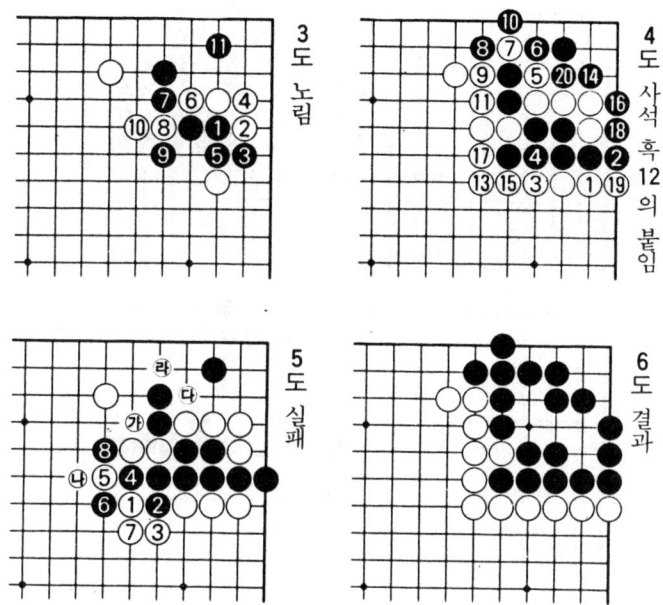

3도

수가 길어서 두 그림으로 갈라서 설명한다. 기본도의 뒤, 흑 1의 누르기는 힘차다. 백은 2, 4의 '뛰기'에서 6, 8의 시 작, 이것이 표적이다. 흑11까지 되고 보니 구석의 백은 빼앗 기는 형이지만 ―.

4도

백은 구석의 돌을 사석(石)으로 이용하여 1에서 밖을 공격 한다. 우선 5에서 7, 9, 11로 누르고 13의 '걸기'.

5도

백1로 곧 '걸기'를 하는 것은 흑의 시작으로 인하여 실패. 흑8의 양 '맞댐'. 그 뒤 백㉮, 흑㉯ 거기서 백㉰로 나가도 흑㉱로 내려간다.

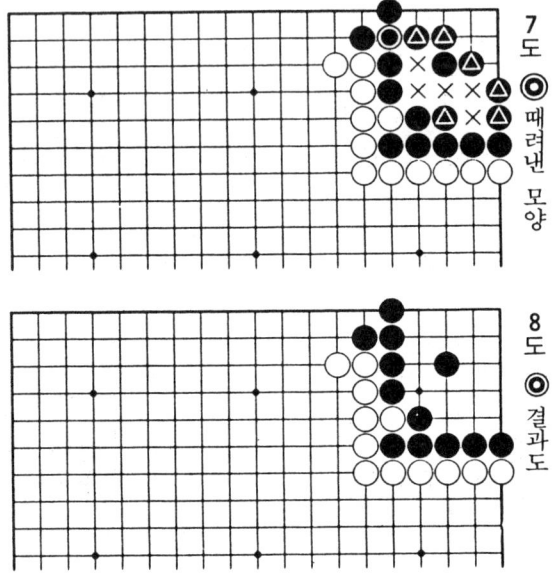

7도 ◎ 때려낸 모양

8도 ◎ 결과도

6도

그림을 다시 한 번 본다. 흑 자리는 **18**집(目) 강이다.

7도

여기서 결과 판단의 작업에 들어가 보자.

×표 및 ◎은 백 6점이 털어놓은 돌 자리다. 이 돌은 지금 바둑판 위에 없으나 쌍방이 둔 돌 자리에는 변동이 없다. 따라서 그것과 동등의 가치의 흑돌(이 경우에는 흑 자리 안에 있는 기능 없는 돌 ●)을 똑같이 여섯 개만 제거한다. 같은 확정지 안의 돌이어서 외부에 영향이 없는 것은 물론이다. 여기서 주의해야 할 것은 어디까지나 털어낸 돌의 수를 잊지 않는다는 것이다.

8도

7도의 결과가 본도. 이제 쉽게 알 수 있을 것이다.

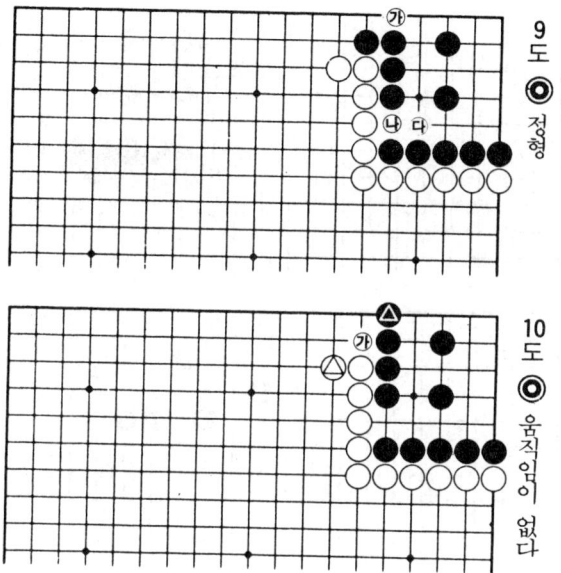

9도 ◉ 정형

10도 ◉ 움직임이 없다

9도

8도를 다시 정리해 본다.

흑㉮에 있던 돌을 흑 자리의 안으로 옮기고(이 이동은 약간 흑이 손실을 보게 되는 가능성이 있으나 그것은 미■1한 것) 흑 자리의 또 하나의 돌도 한 자리 변경시켰다.

9도가 마무리된 그림. 이것이 우열의 판단 기준이 되는 결과 판단의 그림이다. 20집(目) 약(弱)의 흑 자리에 대한 백의 외세는 크다.

10도

같은 이동을 시킨다고 해도 예를 들면 8도 다음의 본도 처럼 ㉮에 있던 돌을 흑 자리 안으로 옮기는 것은 좋지 않다.

●의 돌은 거의 기능이 없는 헛돌이지만 ㉮의 돌은 △의 한 점을 설명하는 데 빼놓을 수 없는 위치에 있다.

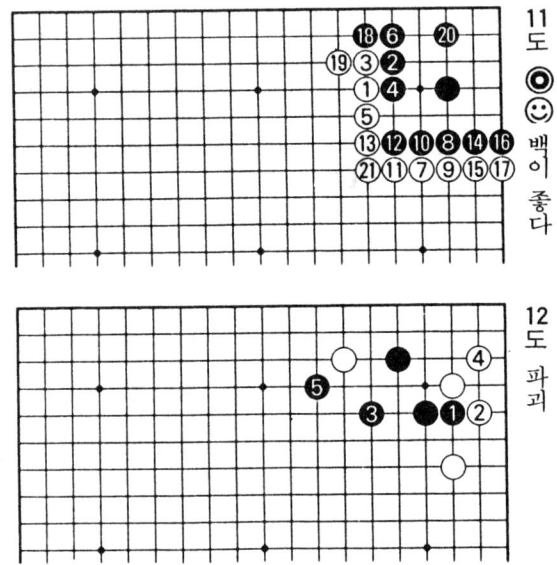

11
도
◎
☺
백
이
좋
다

12
도
파
괴

11도

9도에서 본제의 테마는 끝났으나 실은 9도까지 와보면 다시 순서를 바꾸어서 상세하게 검토해 볼 수가 있다.

혹 소목에 백 1의 2칸 '높이 걸기'. 백 5까지는 정석이지만 다음의 혹 6의 '내려가기'가 너무 빨라진다. 또 백 7 (이것은 있을 수 있는 수)에 대해서 혹 8 이하 혹20까지 모두 악수의 연속이다. 특히 마지막의 혹20에 이르러서는 실로 자신의 자리에 넣는 '한 수와 1집의 손실' 이외에 다른 것은 없다.

백17은 상대와의 대결에 불필요한 수 정도이다.

12도

이런 결과를 피하기 위해서는 본도처럼 바꾸어 두는 것이 혹으로서는 좋았던 것이다. 자, 어떤가. 이것이 결과 판단법의 위력이다. 이 방법을 꼭 활용해 주기를 바란다.

제 2 장

결과 판단으로
덕을 보는
실전 테크닉

이 장(**本章**)의 포인트

앞의 장(章)에서는 결과 판단법에 필요한 기본적인 것을 소개하였다. 그러나 이 장(章)에서는 재빨리 이용하여 실전에 응용할 수 있는 대표적인 테크닉을 모아서 열거해 보았다. 어느 정도 기본적인 것을 마스터 하여도, 실전에서 그 무기를 응용하지 못하면 헛일이다.

그러므로, 이 장에서는 한 마디로, '그것을 이용함으로써 덕을 보았다'고 할 수 있는 예를 몇 개 골라서, 그 판단법과 덕을 보는 이유를 결과적으로 나타내었다.

뒤의 4장에서도 나오지만, 이리하여 덕이 되는 테크닉의 가장 대표적인 예는, 누가 뭐라 해도 역시 사석 작전이다.

상대방의 돌을 이용한다는 것은 가장 효과적이다. 자기의 돌은 기능있는 모양으로 되고, 상대방의 돌은 겹치게 하는 것이다.

그래서 다시 한번 귀의 화점에서 사는 대표적인 변화의 ㅇ 를 나타내었다.

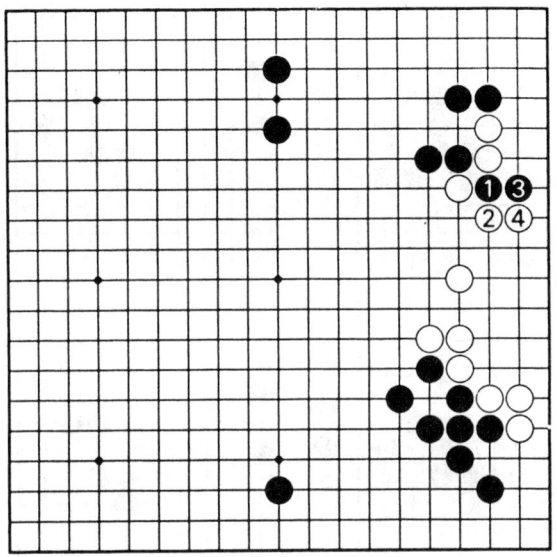

제 1 형
상대를 굳어지게 하는 사석 작전의 이용법(1)

'이용' 또는 '공격 득점', 이러한 용어가 잘 나오게 되는데 이 용어가 사용되는 경우의 국면에서는 거의 결과 판단에서 얻은 것을 말하고 있는 것이다. 자신의 돌을 버리고 희생시키는 것은 상대의 돌을 굳어지게 하는 작전으로서 유력하다.

본도, 이 국면에서 흑 1, 3으로 끊고 내려간 것이 그 대표적인 예. 두 점을 희생시키려고 하는 것인데 과연 이 작전은 어떤 효과를 가져오게 될 것인가.

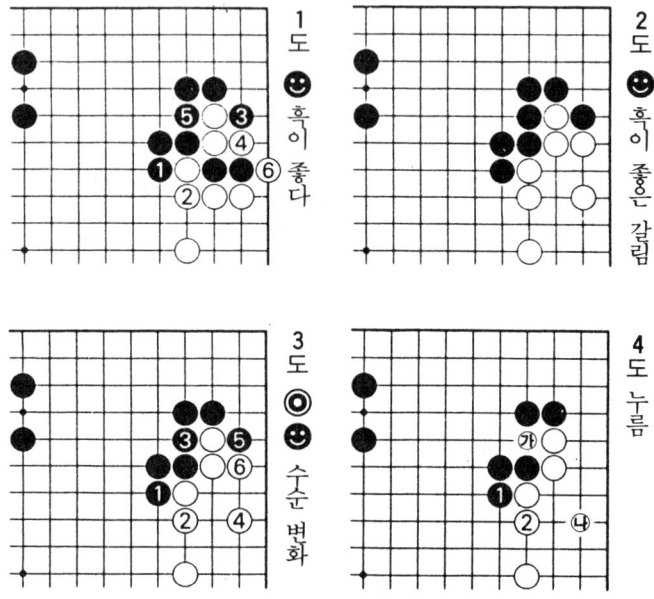

1도 😊 흑이 좋다

2도 😊 흑이 좋은 갈림

3도 ◎😊 수순 변화

4도 누름

　1도　기본도의 뒤. 흑1의 '맞댐'을 이용하여 다시 흑3, 5가 선수. 기본도에서 여기까지는 외길이다.

　2도　1도를 결과 판단해 보자. 빼앗기고 있는 흑 두 점과 백 두 수를 제거한 것이 본도이다.

　3도　2도는 순서를 바꾸면 흑1의 '밀기', 백2의 뒤, 흑3에 백4로 받은 것과 같은 것이다. 흑5, 백6을 교환하여 2도가 된다. 말할 것도 없이 불필요한 일착. 결과는 흑의 큰이득이다.

　4도　3도와 같은 기본도. 흑1에서 본도. 흑1로 밀어서 백2로 당기기를 당할 때까지. 흑㉮에 백㉯로 받을 리도 없다. 흑의 무위무책은 명백하다.

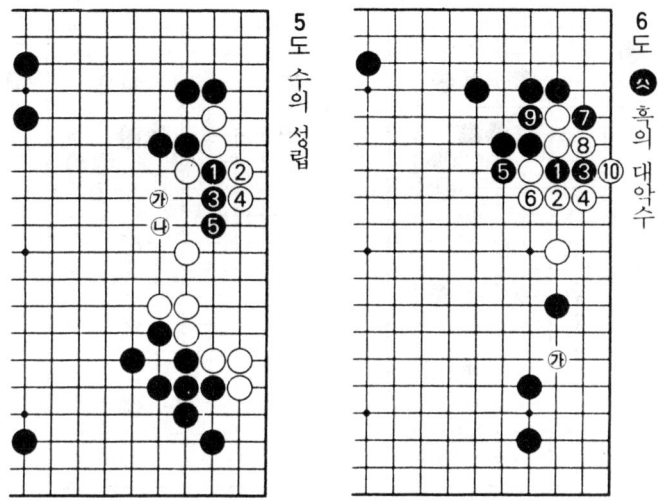

5도
수의 성립

6도
흑의 대 악수

5도

흑1의 끊기에 백2로 받을 경우에는 흑3, 5로 뻗어 있어도 된다. 백 자리는 비어 있다. 이 후 백㉮에는 흑㉯로 붙여가는 수가 있다.

6도

더욱 이 수법에서 중요한 것은 상대의 돌이 견고하다는 것이다. 자리로서 견고하고 이미 공격의 수단을 겨눌 수 없어졌을 때 비로소 유효한 수단이 되는 것이다. 거기서 판단에 착오를 내지 않도록 해야 한다. 예를 들면 우변이 본도같은 대비를 하고 있을 때, 흑1로 끊는 것은 대 악수. 백은 완전히 두터워지고 만다. 이렇게 되면 백에서 ㉮의 공격 등, 마음대로 할 수 있게끔 되어 버린다. 흑1로서는 당연히 1로 밀거나 2의 공격을 겨누게 된다.

흑1, 3의 끊기는 백을 견고하게 해 주는 악수이다.

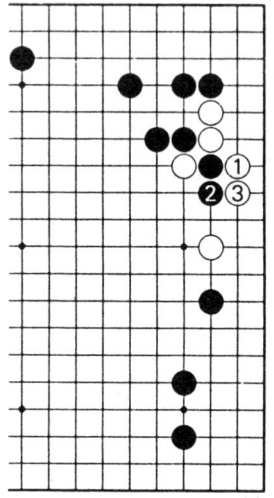

7도 하변의 받음

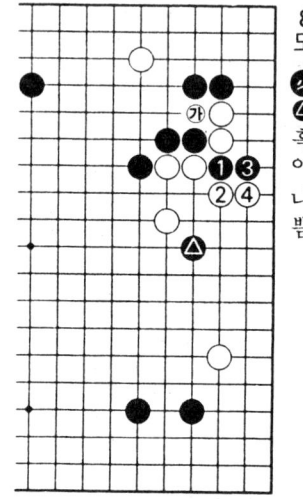

8도 ⑤ ▲ 흑이 나쁨

7도

백은 1, 3으로 밑에서 받고 있는 수도 성립한다.

8도

이런 형의 경우에도 역시 흑1의 끊기는 좋지 않다. 선수로 계속하여 ㉮로 칠 수 있다고 해서 백2,4로 견고하게 한 죄는 무겁다. 약했던 백이 완전히 두꺼워지고 ▲의 한 점이 극도로 엷어지고 있다.

참고도

8도, 흑1로서는 아뭏든 상변을 지켜놓는 것이 본수. 이것이라면 우변의 백은 엷고 흑은 유리하게 싸움을 전개해 나갈 수가 있을 것이다.

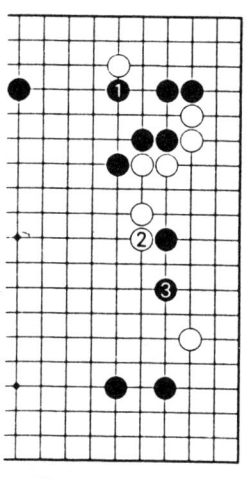

참고도 단순한 지킴

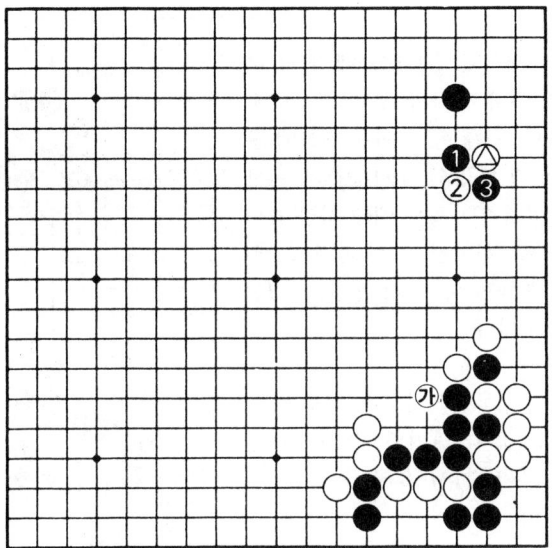

제 2 형
상대를 굳어지게 하는 사석 작전의 이용법 (2)

앞의 형과 함께 흔히 사용되는 사석 작전을 또하나 소개해 본다. 기본도와 같은 국면에서 △로 걸기를 해왔을 때다. 오른쪽 밑의 귀는 '눈사태', '외벽 굳히기' 변화에서 생기는 정석.

그 형은 백㉮ 등이 효력이 있어 외세가 두텁다. 이런 경우 흑 1, 3으로 붙여끊는 것이 상대를 굳어지게 하는, 상용하는 요점이다.

이 수의 효과에 대해서 검토해 보자. 다만, 앞의 형보다 변화가 많아서 간단하게 되지 않는다는 것을 알고 있어야 한다.

1 도

⊙로 '끊기'를 당했을 때, 백의 수는 몇 번이나 생각할 수 있다. 이하 그 가운데 주가 된 변화를 검토해 본다 우선 백1, 3의 '맞보기'가 가장 일반적인 응수. 흑은 예에 따라 6의 두 점으로 하여금 사석 작전을 시도하여 흑14까지. 흔히 볼 수 있는 분산 작전이다.

2 도

1도의 수를 곧 바꾸어 검토해 본다. 흑1, 3의 '붙여뻗기'. 백은 6으로 나가(악수)서 8의 수비. 흑도 9를 수비, 계속해서—.

3 도

흑1로 밀었을 때, 백2로 굴복한 형이다. 백4까지의 후 흑㉮, ㉰의 두 점과 백㉯, ㉴의 두 점을 붙여가하게 되면 1도가 된다. 이 수순(手順)에서 흑이 기능을 발휘하고 있는 것을 알게 될 것이다.

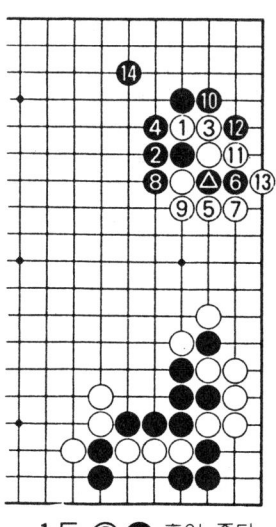

1 도 ◎ ☺ 흑이 좋다

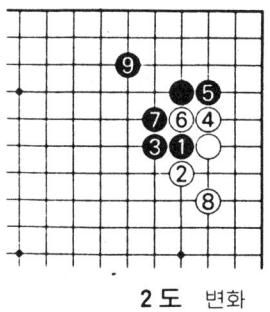

2 도 변화

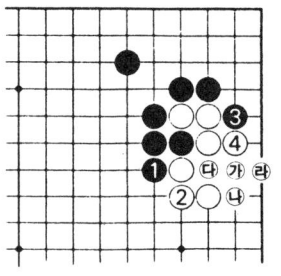

3 도 굴복

4 도

다음에 1, 3으로 나가는 수는 어떤가. 이것은 백의 약한 응수. 흑은 4로 '맞댐'을 하고나서 6으로 구부려지고 8로 잇는 상태. 백9는 이러한 경우의 형인데 흑은 3점을 희생시키고 바깥쪽을 결정했다.

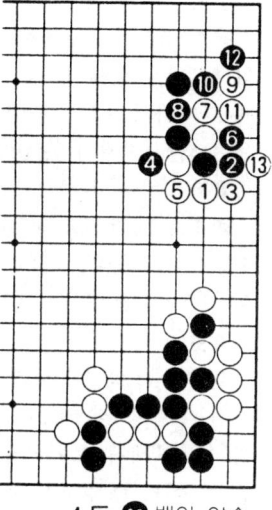

4 도 😊 백의 약수

5 도

이 결과를 판단해 보면 흑1의 '붙이기'에 백은 2로 뻗어 들어간 형. 흑 '잇기'의 뒤 백4로 뛰어와 있다. 이 순서는 약간 변조(変調)이다. 계속해서 흑5를 효과있게 이용하여 7로 눌렀을 때, 백은 8, 10의 후수로 작은 끝내기를 했다. 이 형의 흑㉮에서 백㈅ 까지를 교환하면 4도가 된다.

백2, 4의 순서의 문제와 8, 10의 후수의 두 점이 나빠 흑이 크게 양호하다.

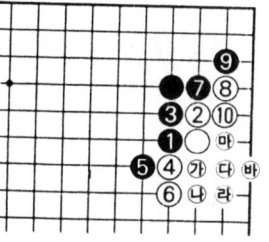

5 도 😊 같은 결과

6 도

거슬러 올라가서, 1도, 백7에서 본도의 백1로 두고 있는 것은 속수(俗手). 흑2의 2단 뛰기가 좋아 결국 백9까지 백은 후수가 되어 있다.

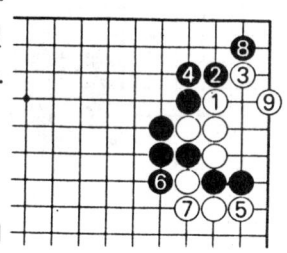

6 도 공배 메꾸기

7 도

백 1, 3으로 '맞대기'. 역으로 ◬의 한 점을 희생시키고 오는 수법은 때에 따라서는 없지는 않으나 이 경우는 역시 자리의 손실이 너무 크다.

8 도

백 1로 대각으로 둔 것은 훌륭한 수. 흑은 요주의. 흑의 응수는 ㉮에서 ㉣의 4통(通)을 생각할 수 있다.

9 도

우선 흑 1의 '맞댐'은 백 2를 돌아서 흑 3에 연결하려는 수지만 백 4의 '맞댐'에서 6의 '뛰기'가 강한 응수. 이하 백 12까지 되어 약간 혼전의 기미. 흑의 취하지 않는 변화.

10 도

9 도에서 백 6이 중요한 한 수. 이 수가 당황하여 백 1로 취하는 것은 흑 2에서 용서 없이 꼼짝 못하게 하여 백 최악이다. 이 그림이 4 도보다 못한 것은 명백하다.

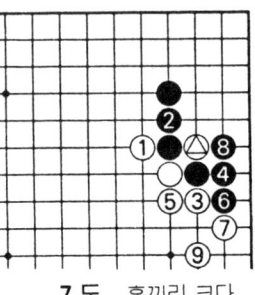

7 도   흑끼리 크다

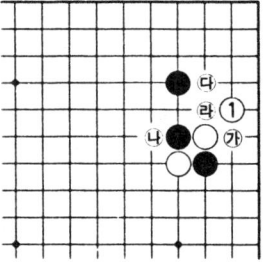

8 도 ◉ 마늘모의 응수

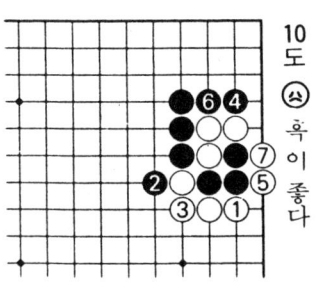

10
도

◬
흑
이
좋
다

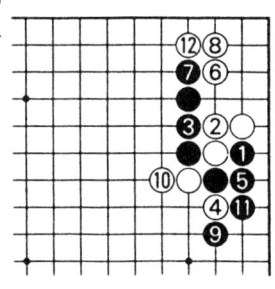

9 도 ◬ 흑의 나쁜 전투

11도

혹 1 자리는 견고한 수지만 약간 미지근하다. 백 2, 4 로 빼앗기고 혹 뒤, 이렇다할 마무리가 없다. 혹㉮, 백㉯,혹㉰는 후수. 백㉱의 엿보기 도 효력이 있다.

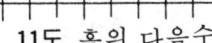

11도 흑의 다음수

12도

혹 1 과 줄을 지으면 어떤가. 일견 묘한 수처럼 보이지만 하나의 요점 이 된다. 백 2, 4 로 빼앗으러 온다 면 혹은 좋다. 도중 혹 7 에서 9 로 두는 것이 요점이며 4 도에 되돌아 가게 된다.

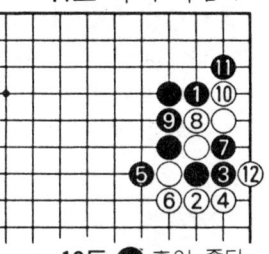

12도 😊 흑이 좋다

13도

백도 1 로 '맞댐'하고 싶다. 혹 2 로 연결시키게 되면 크게 효력이 있 다. 이번에는 백 3, 5 로 누르고 혹 8 에는 백 9, 11로 감아올리고 있어 좋 다. 이것은 혹의 함정의 그림 이다.

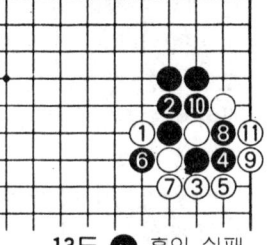

13도 ☹ 흑의 실패

14도

백 1 '맞댐'에는 흑도 2 로 '맞댐' 을 하는 것이 요점. 백 3에 혹 4 로 공격하는 것이 ●과 나란히된 수의 효과. 백㉮로 끊으면 패가 되지만 큰 패여서 보통은 백이 시작하지 못하 는 장소. 그러나 본국에서는 오른쪽 밑의 구석의 백에서 패가 성립되고 백㉮를 결행시킬 우려가 있다. 주 의가 필요하다.

14도 패

15도

실은 흑은 2보다 더 위험한 의미
가 있다. 백 1로 밑에서 뛰고 3의
맞댐에서 5, 7로 누르고 오는 수가
두렵다. 흑이 처음 ●에 바꾼다고
하는 것은 밑에 백의 외세가 있다는
것이 전제이므로 이 백의 최강의 저
항을 항상 머릿속에 넣고 있지 않으
면 안된다. 처음에 ●의 '붙여끊기'
는 의외로 어려운 변화를 수반한다
고 주의를 준 것은 바로 이 점이다.

16도

결국 약간 속수이지만 흑 1의 '맞
댐'에서 결정해 가는 것이 가장 온당
한 방법이라고 할 수 있다. 흑 5, 7
로 악형을 강요당하는 것은 괴로운
것이지만 흑11까지 우선 우열없이 갈
라지게 되었다고 말할 수 있다.

이상 이 부분의 변화만으로, 대략
알게 되었다고 생각한다. 다만 ●의
'붙여끊기'는 항상 나타나는 수법이
다. 이 기회에 꼭 마스터해 주기를
바란다.

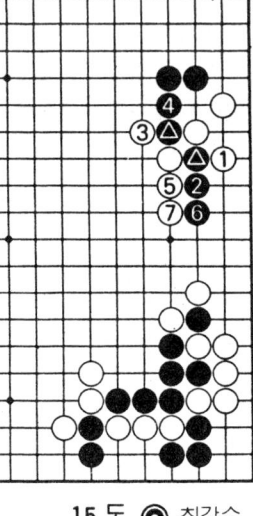

15 도 ◎ 최강수

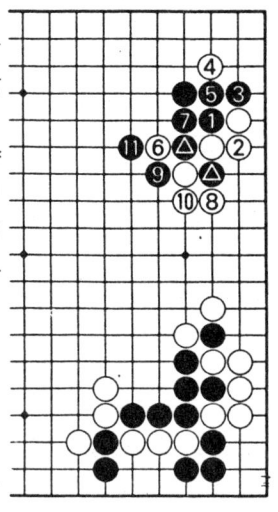

16도 ◎ 호각

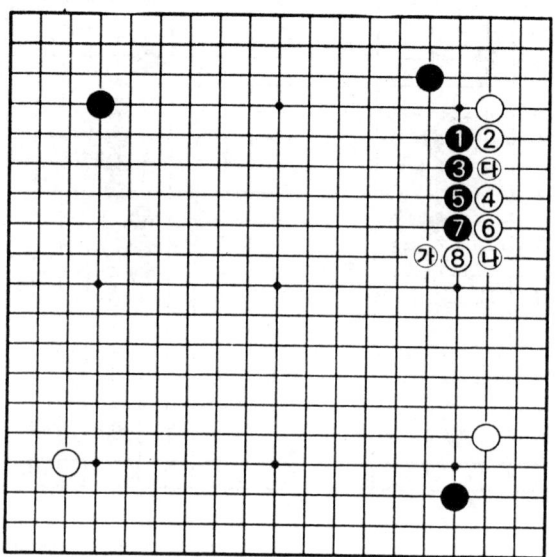

제 3 형
프로 고단자에서 보는 기능과 반발의 비술
(秘術)

앞의 형과 같은 발상을 기초로 한 수법을 프로 고단자의 실전에서 채택해 본다. 이 국면에서 흑은 1에서 '걸기', 우변을 밀어붙이고 갔다. 말할 것도 없이 표적은 우변의 백을 저위(低位)에 붙이고 굳어지게 하려고 하는 것.

백은 8로 뛰고 난 뒤에 이하 어떤 진행이 되었는가. 흑㉮로 아니면 ㉯에서 나와 ㉰로 끊을 것인가 이것이 초점이다. 그리고 또 그 뒤의 절충에 흥미가 있다. 흑은 굳어지도록 겨누고 백은 반발한다. 그 걸고 당기는 것을 살펴보자.

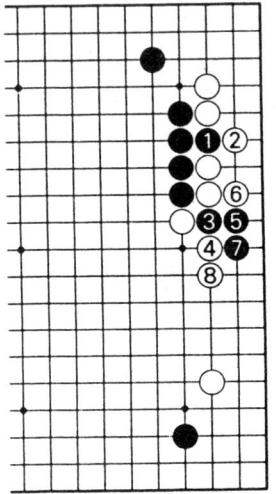

1도 끊음

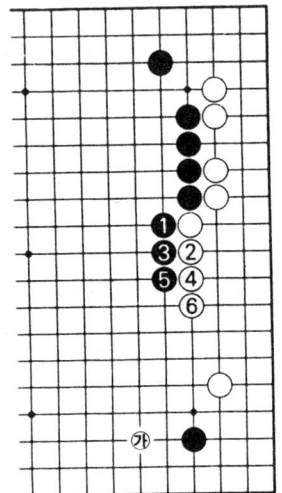

2도 외세

1도

혹은 계속해서 1의 시작에서 3의 '끊기'. 그렇게 되면 백 8의 '뻗기' 까지는 필연이다. 이렇게 좁은 곳에서 혹은 어떻게 하자는 것인가.

2도

혹 1로 뛰고 3, 5로 미는 것은 흔히 있는 수. 그러나 백 4, 6으로 뻗어 있으면 어떤가. 약간 단조로운 데가 있다. 백이 견고해지면 하변 백⑦ 근처에서의 공격도 심해질 것이다.

참고도

혹 1에 백 2로 2단 뛰기 하는 것도 정석. 이것도 이 대국의 바둑이다.

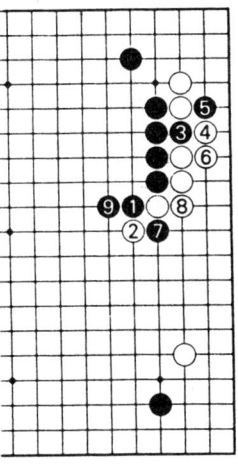

참고도 정석

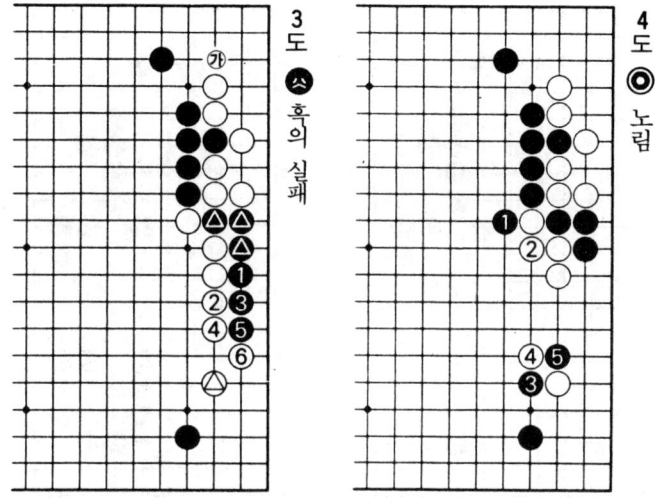

3도

3도

1도의 흑의 출발은 결단을 내린 수이다. 참고도에서는 둘 수 있던 ㉮의 선수의 효력도 잃고 먼저 손해를 볼 수도 있기 때문이다.

계속해서 흑1에서 기는 등 그런 것은 문제 외의 일이다. ◬의 1착을 이용하여 백6으로 누르기를 당해 흑이 무너진다. 흑의 표적은 어디까지나 ●의 세 점을 유효하게 이용할 수 있는 것이다. 발상의 전환이 필요하다.

4도

흑 1로 기분좋게 '맞댐'을 이용해 놓고 흑3, 5의 '붙여 끊기'. 이것이 제2의 포인트. 앞에서와 같이 상대를 굳어지게 하는 수. 이 이하의 격렬한 싸움이 벌어진다.

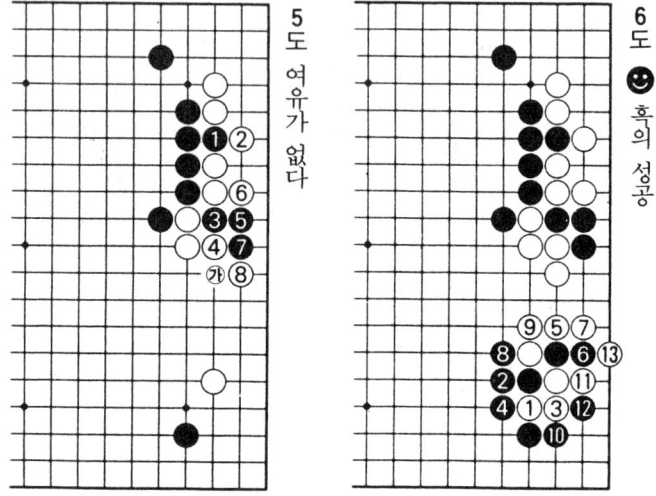

5 도
여유가 없다

6 도
😊 흑의 성공

5 도

4 도의 우변은, 순서를 바꾸어보면, 2 도의 흑 3 에서 본도, 흑 3 으로 끊은 형과 비교된다. 본도의 경우라면 흑 7 로 구부러져도 백 8 로 누르기를 당하여 거기까지. 4 도는 백 8 을 ㉮로 우형에 구부러지게 한 걸로 되어 있다.

4 도의 형이라면 흑 세 점은 아직 완전히 죽지 않고 있다. 그것이 다른 점이다.

4 도, 흑 3, 5 의 '붙여끊기'도 그 틈을 표적으로 한 시작이다.

6 도

4 도에 계속하여 백 1, 3 으로 공격, 5, 7 을 취하는 것은 이미 앞의 형에서도 나온 형. 상식적인 대응이지만 흑 8,10 으로 사정없이 공격해오면 백이 곤란하다. 결과 판단도는 앞의 형과 같은 것으로 된다. 굳어지는 형으로 되는 것은 명백하다.

이 그림을 흑이 기대하고 있던 것이며 백은 반발하게 된다.

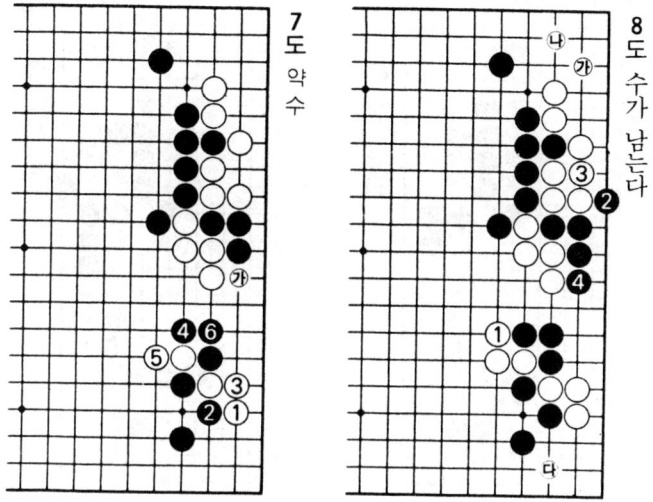

7도
약수

8도
수가
남는다

7도

백1로 대각에 두면 어떤가. 그러나 이 경우는 크게 위험한 수. 흑2, 4로 '맞댐'을 당하고 6으로 연결하여도 백은 용이하지 않을 것같다. 오른쪽 밑의 구석의 흑은 약해지지만 그보다 흑⑦의 빼내기가 두렵다.

8도

그 후 여러 가지 상정도(想定図)가 떠오르게 되지만 변화가 많으므로 간단히 설명하겠다.

백1이 최강이지만 흑2에서 4의 당기기가 표적. 백은 여기에 약점이 남아 있으므로 마음대로 둘 수가 없다. 절충해 보고 백은 이 일을 염두에 두고 있지 않으면 안된다. 여기의 수수(手數)가 뻗으면 오른쪽 위의 구석의 흑⑦나 ⑭가 생긴다. 정석에 밝은 사람은 알수 있을 것이다. 따라서 백1로 ⑭를 치고 있을 여유가 없게 되는 것이다.

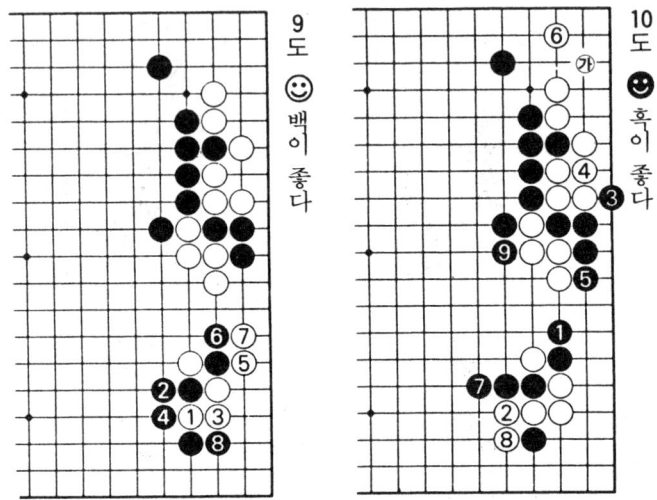

9도 😊 백이 좋다

10도 😊 흑이 좋다

9도

실전의 진행을 보자.

백 1, 3의 '뛰기' 만일 여기서 흑 4로 누르면 6도의 순서와 같이 백이 나쁘게 보이지만 그렇지 않다. 백은 6으로 위에서 취하지 않고 5, 7로 밑으로 기는 것이다. 이거라면 흑 8로 후수가 되지 않을 수 없고 백은 선수를 잡을 수 있는 것이다. 이것이 백의 표적이다.

10도

흑은 9도를 싫어하고 여기서 흑 1의 '늘음'! 백 2로 상식적으로 한다면 이런 데를 나가게 되면 흑모양이 되지 않으나 흑 5의 '끄는 수'가 역시 표적. 거기서 나가게 되면 흑 ㉮의 '밀기'가 생기고 백 6의 대비가 약화되지 않는다. 이어서 흑 7의 '뻗기'를 이용하여 중앙 9의 '밀기'로 돌아간다. 이 변경은 중앙의 흑이 두터워 성공. 따라서 백으로서도 백 2로 나가는 수가 없는 것이다.

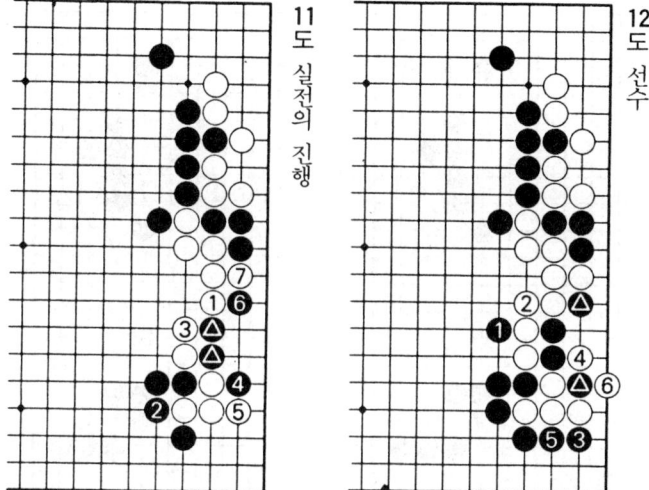

11도 실전의 진행

12도 선수

11도

이에 대해서 백 1의 저항이 최강. 다음에 백 2와 3의 두 점을 서로 맞보게 하고 있다. 이것으로 백 7에 되돌아 가면 흑 2로 인해 ●의 두 점을 잡을 수가 없다.

흑 2, 백 3이 되고 서로 요점이 통했다. 이대로라면 흑은 당초의 목적을 달성할 수 없으나 흑 4, 6으로 다음의 작전에 들어간다.

12도

우선 흑 1로 붙이고 백 2의 기능을 발휘하게 하여 전환하면 3, 5로 마무리. 이것이 흑의 일관된 사석 작전이다. 11도, 흑 4, 6의 양쪽은 상하 두개를 이용하기 위한 수단이었던 것이다. ●를 치지 않고 단순히 흑 5의 누르기라면 백 4로 빼앗기는 것뿐. 프로에 있어서는 당연한 요점이라 할 수 있으며 참고가 되는 수순(手順)이다.

128

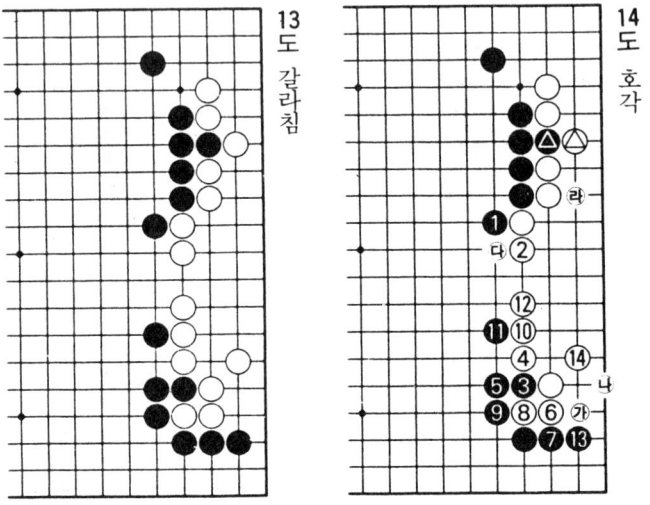

13도

12도에서 백 자리의 중앙에 있는 흑 7점의 사석(死石)과 같은 능력의 백 7점을 제거하면 본도가 된다. 이 형을 다시 순서를 바꾸면 —.

14도

2도와 같이 흑 1, 백 2의 뒤, 흑 3, 5의 '붙어뻗기'. 백은 8로 나가 10의 대비. 여기까지는 우열이 없으나 그 뒤, 흑 11의 기능과 13의 '내려가기'를 흑 선수로 칠 수 있는 형.

우선, **12도**에서는 실제는 오른쪽 밑의 귀 ㉮, ㉯에 백이 와 있다. 이것만으로 본도와 자리가 다르고, 다시 오른쪽 밑의 구석 흑에게는 영향이 다르다. 다음에 흑 11과 백 12의 교환은 일견 무조건으로 흑이 덕을 보고 있는 것같지만 이것도 확실하지 않다. 다시 ●과 △의 교환이 흑의 손실. 실제는 백 ㉠에 돌이 있어서 앞에서 말한 것처럼 오른쪽 위의 구석도 약간 손해. 이상을 감안하면 백과 흑의 무승부로 보는 것이 타당하다.

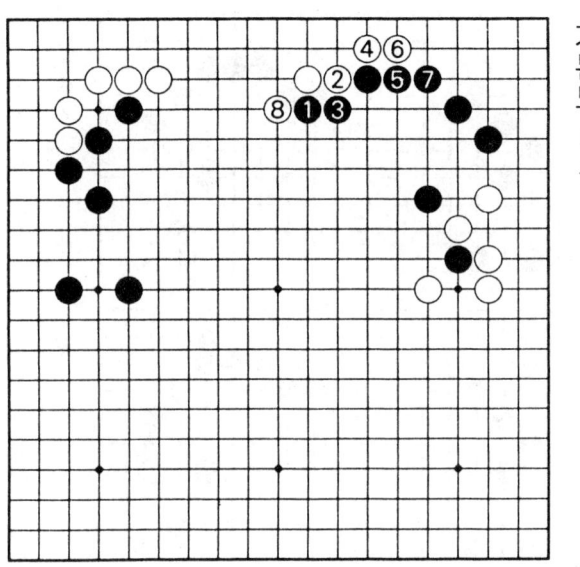

제 4 형
기능에는 세심한 주의가 필요하다

상변의 흑 1에서 백 8까지의 진행. 여기서 흑의 교묘한 기능이 발휘된다. 앞의 형까지를 보아온 독자로서는 일견 쉬운 것처럼 생각되는 문제이지만 다시 한 번 확인해 보기 바란다.

그리고 한 군데를 보고 빠뜨린 것에 훌륭한 수순(手順)이 있다. 그것도 포함하여 정확한 판단을 기해주기 바란다. 간단하게 보이는 수에도 세심한 주의가 필요하다는 말이다.

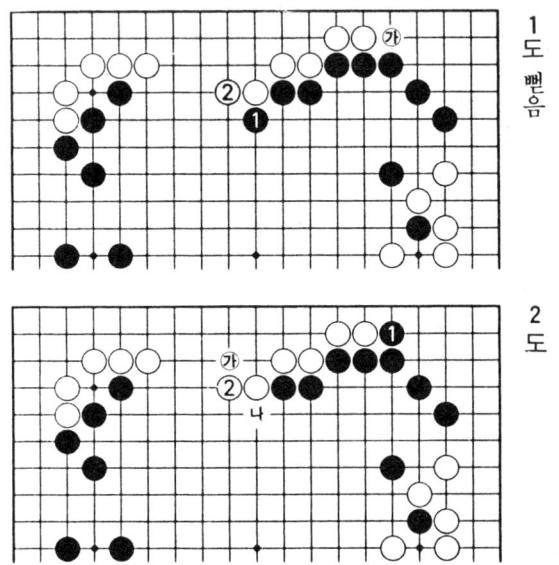

1도 뻗음

2도

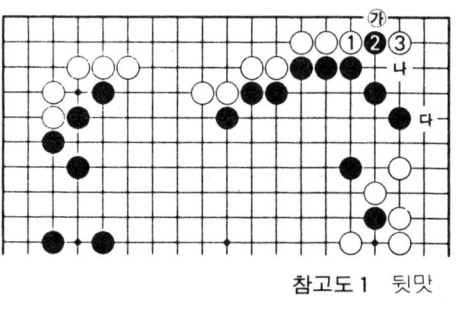

참고도 1 뒷맛

1도

혹 1로 뛰는 것은 무책. 백 2로 '끄는 수'를 당하여 그것뿐. ㉮의 큰 끝내기가 남아 있다.

2도   혹 1로 끝을 누르는 것도 백 2 또는 ㉮로 응수하게 된다. 이번에는 혹 ㉯의 '뛰기'가 효력이 없다.

참고도 1   1도는 그 뒤 백 1의 큰 끝내기가 남는다. 혹 2에는 백 3의 '붙이기'가 싫어하는 곳. 혹 ㉮는 백 ㉯에서 ㉰의 '붙이기'가 있다.

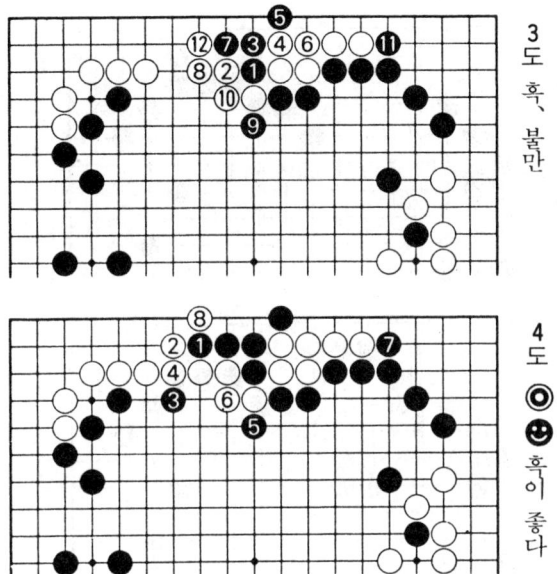

3도
흑, 불만

4도
◎ ☺ 흑이 좋다

3도

앞의 형과 같이 여기서도 흑 1의 '끊기'에서부터 시작하는 것이 요점. 백 2의 '맞댐'에 흑 3으로 내려가고 7로 구부러진다. 계속해서 흑 9로 '맞댐' 11로 누르고 들어가서 선수로 양쪽에 두었다.

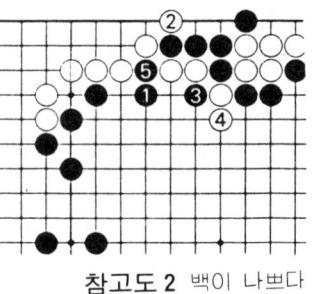

참고도 2 백이 나쁘다

4도

앞의 그림, 백 8의 뒤 흑은 1로 하나 더 긴다. 백 2의 누르기로 바꾸어서 3으로 엿보는 것이 세심한 순서.

참고도 2의 흑 1의 엿보기에 백 2로 치는 것은 흑 3, 5로 그만이다.

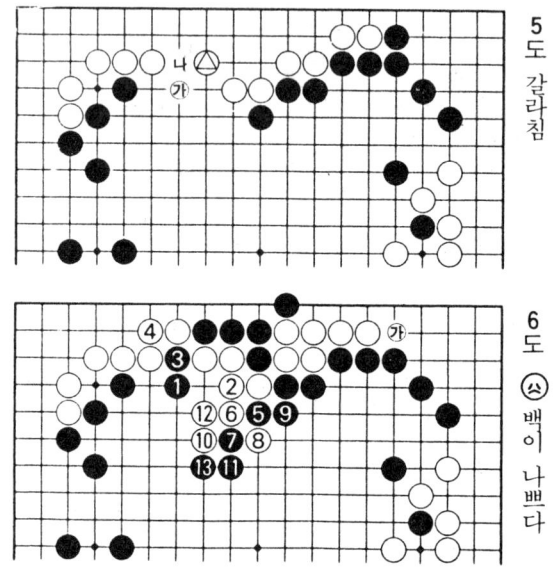

5도

3도에서 쌍방 불필요한 돌을 네 개씩 제거하면 본도가 된 다. 이것은 1도, 2도에 비해서 흑이 명백히 유리하다. ⊛의 한 점이 불필요한 돌이다. 4도는 이 그림에 다시 흑 ㉮ 와 백㉯의 교환이 두어지고 있으므로 더욱 좋다.

6도

여기서 다시 4도, 백4의 변화를 설명해 둔다.

흑1의 '엿보기'에 백2로 잇는 것이 최강의 저항이지만 이 것도 흑3의 선수, '끊기'가 들어가서는 흥미가 없다. 그 뒤 흑5, 7로 2단 '뛰기'를 당해도 백은 좋지 않은 모습. 중앙 에서 될수 있는 한 마무리 지으면서 경우에 따라서는 언제라 도 흑㉮의 누르기를 선수로 칠 수 있는 형이다. 이런 것을 당해서는 백은 견딜 수가 없다.

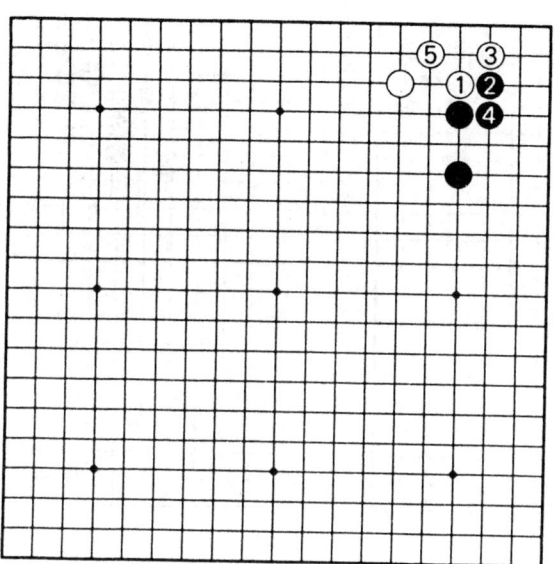

제 5 형
'고바야시' 류가 얻는 정석의 수

정석이란 본래 쌍방의 우열 없이 갈라지는 것을 말한다. 그 런데도 불구하고 한 쪽이 유리해지는 형을 때로는 '정석'으로 보게 된다. 상세한 것은 다음의 3장에서 설명하겠으나 그 가 운데서 내가 추천하는 대표적인 형을 하나 예를 들어 설명해 보겠다.

기본도의 백 1, 3의 뛰기는 흔히 바둑에서 볼 수 있는 수다. 백 5까지의 분열, 특별히 혹이 나쁘다고 할 수는 없으나 마음이 내키지 않는다. 나로서는 여기서 다른 수를 추천 하고 싶다. 결과가 좋을 뿐만 아니라 특별히 접바둑 에서는 형이 정해지고 혼동이 없기 때문이다.

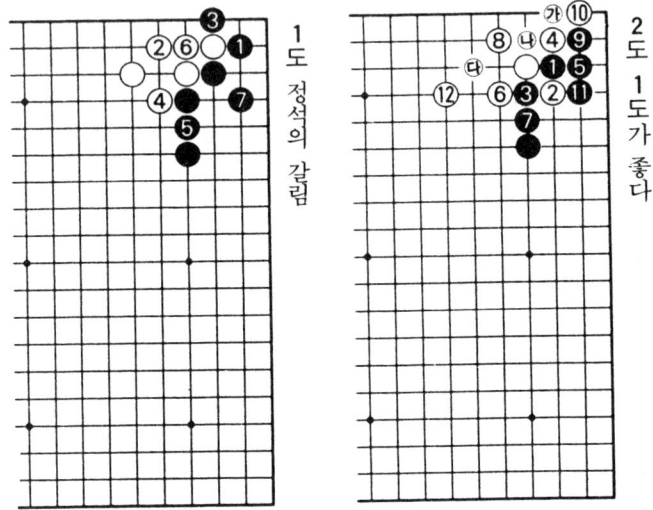

1 도

기본도의 정석 외에 흔히 정석책에 소개되어 있는 것이 이 그림이다.

흑 1의 2단 뛰기가 강하여 기본도보다 낫다고 되어 있다. 확실히 흑 7까지의 모양은 흑이 좋다.

2 도

본도는 1도와의 비교도이다. 흑 2칸 높이 '걸기'에 백이 손을 뺀데서 생겨난 형이다. 백12까지의 결과는 약간 흑이 낫다고 볼 수 있다. 그러나 두 그림을 비교해 보면 1도 쪽이 좋은 것이 명백하다. 흑㉮,백㉯의 '맞댐'을 당하고 있는 것이 백은 괴롭고 백12가 ㉰의 위치에 있는 것이 굳어지는 형이기 때문이다. 수수(手數)가 한 수 다르다(2도는 백 흑 같은 수수. 1도는 흑이 한 수 많다) 는 것을 고려해도 백은 채택 할 수 없는 그림이다.

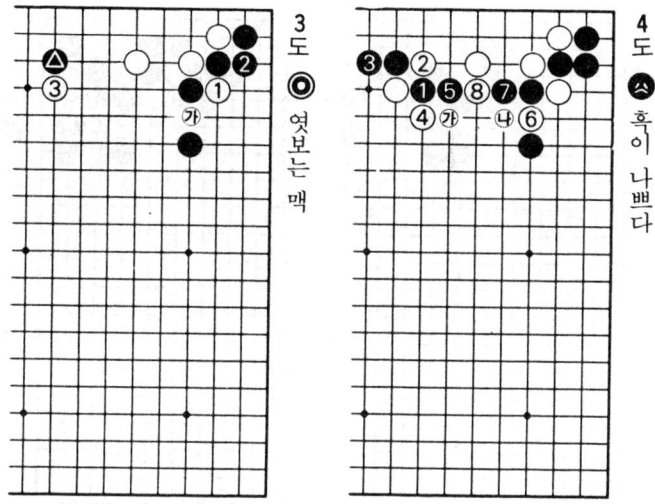

3도 ◉ 엿보는 맥

4도 ◈ 흑이 나쁘다

3도

백이 귀에 붙이고 가는 수는 상변을 ◆ 등으로 협공당했 을 경우가 많다. 그러한 경우 귀의 흑 2단 누르기는 약간 틈이 있다. 예를 들면 백 1로 역으로부터 끊어 들어오면 상변 3의 '붙이기' 등의 수단이 나오게 될 가능성이 있기 때문이다. 백㉮에서의 '맞댐'을 보고 있어서 흑은 이미 움직이지 못하게 된다.

4도

여러가지 변화가 있을 것같지만, 여기서 흑 최악의 상태를 나타내 보겠다. 흑 1로 뛰어 백 2의 '끊기'에 3으로 간다. 부분적으로는 훌륭한 응수이지만 이 경우는 불필요한 수. 백 4, 6의 양 '맞댐'에서 8의 밀어내기로 백㉮,㉯가 혹 완전히함정.

이 그림은 극단적이지만 아뭏든 백에 책동의 여지를 주는 것이 문제이다. 특히 3도는 접바둑에서 나오기 쉬운 모양이므로 선불리 취할 태도는 아니다.

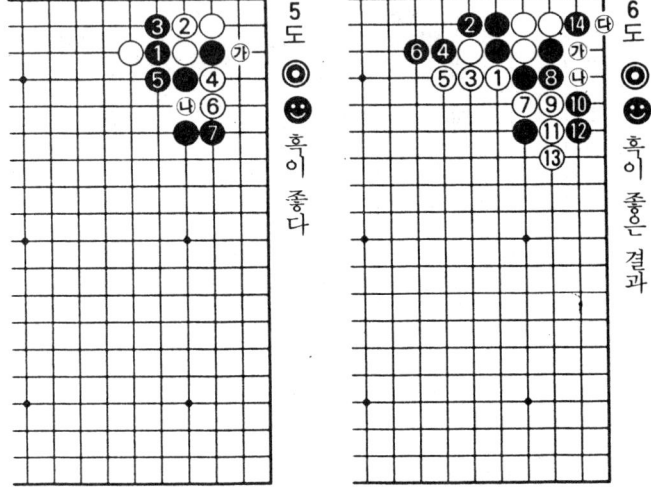

5도

드디어 본제 ─. 내가 추천하는 것은 흑 1, 3의 내밀기이다. 숙달되지 않으면 두렵지만 그것은 반대. 이러한 식으로 형을 결정해 놓고 보면 백의 돌이 무거워지고 변화시키는 수도 걸지 못하게 된다. 오히려 3도처럼 형이 결정되어 있지 않은 쪽이 어려운 것이다.

백 4로 끊으면 흑 5로 간명, 흑 7까지 흑㉮의 '내려가기'가 기능이 있어서 백㉯에서의 시작은 없어서 흑 외세를 얻어 양호.

6도

백 1로 '끊기'를 당하는 것이 처음에는 두려울 것이다. 그러나 흑 2로 구부러지면 그 후는 흑 14까지 거의 한 길로 진행된다. 도중 백 8로 양 '맞댐'을 당해도 흑은 항상 7로 두어도 된다. 또 하나 잊어서는 안되는 것은 흑 12. 단순히 흑 14로서는 백 12의 누르기가 오면 백㉮, 흑㉯, 백㉲의 패가 생긴다.

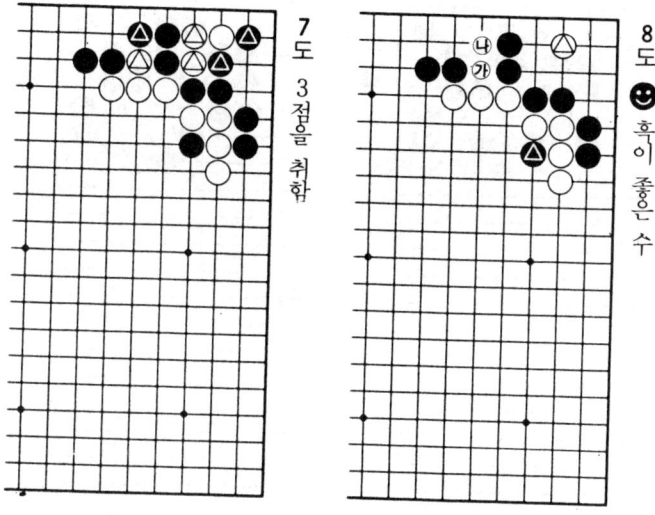

7도
3점을 취함

8도
😊 흑이 좋은 수

7도

완성된 그림을 제시한다. 앞의 그림의 수순(手順)은 실전에서 배우고나면 간단하다. 두려워하지 말고 실험해 주기 바란다.

이 그림은 흑 자리가 20집이 있고 한 수 많다고 해도 흑은 확실히 낫다. 무엇보다 큰 모양이 정해지고 또 여기에 미치는 수순(手順)도 한길인 것이 매력이다. 이 그림을 결과 판단하여 검토해 보자. ▲과 ◎의 각 세 점을 제거한 그림을 다음에 제시한다.

8도

이 그림. ▲과 ◎의 한 점이 없을 정도로 우열이 없어 보인다. ▲과 ◎의 한 점씩은 어느 쪽이 손해인가—. 양 쪽 모두 악수지만 ▲의 한 점에는 아직 활력이 남아 있다. 이에 비해서 ◎의 한 점은 완전히 사석(死石). 말하자면 '1수와 1집의 손실'이다. 또 백㉮와 흑㉯의 교환이 백 큰 악수다.

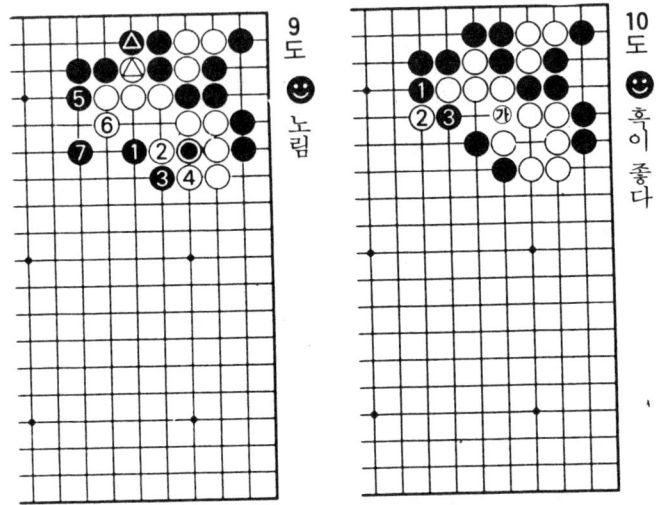

9도
😊
노림

10도
😊
흑이 좋다

9도

7도까지의 결과는 백의 외부에 뭔가 필요한 형이다.

수를 빼면 흑1로 급소를 찌르는 것이 엄하다. ⊙의 한 점이 활용되어 있다. 지금 만든 벽을 공격당해서는 곤란하다. 백2이라면 흑5로 구부린 것이 또 헛수를 채우게 되어 곤란하다. 어느 것이나 △과 ▲의 헛수 채우기의 악수를 추궁당하고 있다. 백6으로 우형에 굴복하면 다시 흑7의 추격까지 있을 것이다. 백이 이런 모습이 되어서는 안된다.

10도

앞의 그림 백4 다음, 흑1에 백2로 젖히면 흑3으로 끊는다. 이렇게 되면, 다음에 ㉮의 먹여치는 수가 있다. 백은 이러한 자세가 되지 않도록 해야 할 것이다.

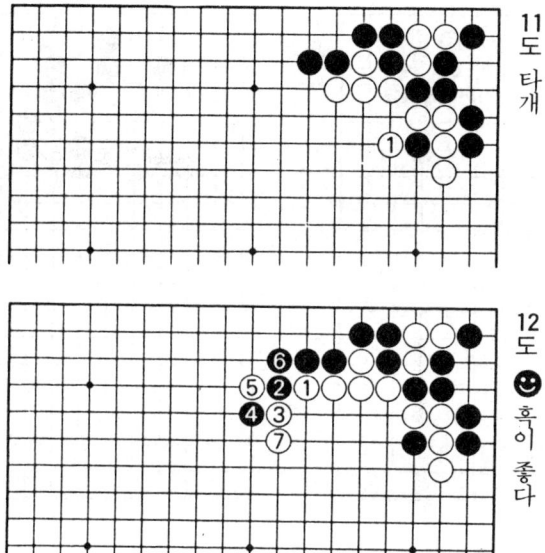

11도
타개

12도
😊
흑이 좋다

11도

백도 앞의 그림처럼 벽을 공격당하면 안되므로 백 1로 한 수 넣어 놓으면 본수.

12도

백 1로 밀어 붙이고 가면 어떨까? 이하 백 7 정도까지가 상정(想定)할 수 있으나 상변의 흑 자리가 부풀어 올라 흑은 불만이 없을 것이다.

참고도

백 1로 날일자 걸침은 약간 미지근한 느낌. 이 뒤 흑㉔에서의 '엿보기'가 여전히 급소로서 남는다.

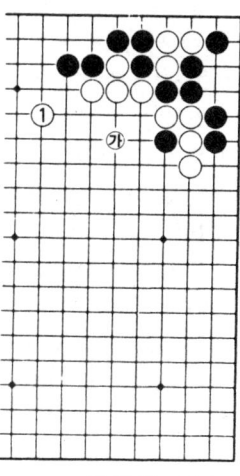

참고도 급소

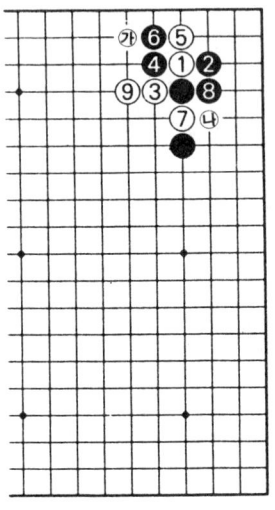

13도
수순

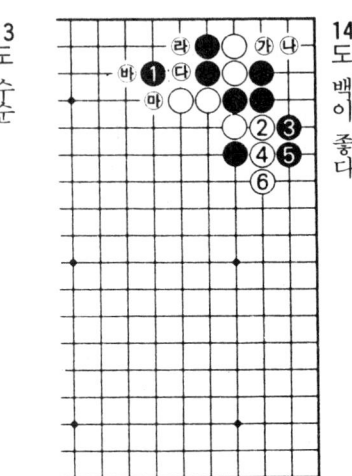

14도
백이 좋다

13도

6도는 수순을 바꾸어 이 그림에서 생각해 볼 수도 있다. 화점 흑의 1칸 '뛰기'가 있는 형에 백 1로 붙여 3으로 되려 뛰고 선착하고 있는 흑의 대비를 가볍게 없앤 다음에 가려는 작전이다. 흑 4, 6의 반발은 강한 응수. 백은 7의 '맞댐'에서 9로 빼고, 다음에 ㉮의 '붙이기'로 ㉯의 시작을 보고 있다. 계속해서 ─.

14도

흑 1로 뛰고 백 6까지 되어 하나의 정형으로 되어 있는 분열이다. 원래 흑이 먼저 대비하고 있는 곳이기 때문에 백도 이 정도의 수밖에 없다.

이 그림 뒤에 백㉮, 흑㉯의 교환(손 득 없다)과 백㉰, 흑㉱까지 둔 것이 6도. 앞에서 말했듯이 백㉲의 시작이 큰 악수. 아무 것도 두지 않았으면 그대로 선수를 잡을 수 있었다. 이 결과에서도 6도는 흑보다 확실히 우세하다고 할 수 있다.

제 3 장

정석을 벗긴다

이 장(本章)의 포인트

정석은 말할 것도 없이 쌍방이 서로 바른 수를 둠으로써 완성되는 것이다. 우열없이 갈라지는 것은 물론 그 일련의 수순에는 필연적인 의미가 없으면 안된다. 실전에서 신형이 나왔을 때, 지금까지의 정석이나 정형(定型)이 판단의 기본이 된다는 것은 그러한 엄한 의미에 인내해 왔기 때문이다.

따라서 기본인 정석을 결과 판단해 보려고 해도 그 자체가 기준인 이상 실제로는 어려운 것이다. 그 이상 아무리 열심히 검토해 보아도 나오게 되는 결론은 그렇게 별다른 것은 아닐 것이다. 이득이냐 손실이냐 의 차는 실전적으로는 거의 무시될 정도의 차이다. 실전적인 테마 에서는 거리가 있다. 연구를 위한 연구라는 폐단에 빠질 위험성도 없지는 않다.

그러나 팽대한 정석군(群)의 속에는 명확하게 '이건 아무래도 —' 하고 생각되는 것도 적지 않다는 것도 사실이다. 특히 누가 잘 알고 있거나, 두거나 하는 '정석'속에 그러한 '결함상품'을 볼 수 있다는 것은 큰 문제이다. 한 번 이것은 유명하기 때문에 하고 그것을 과신해 버리면 좀처럼 객관적인 비판의 눈을 가지지 못하게 되는 것이 인간의 상례이다. 그러한 고정 관념을 타파하기 위해서도 여기서는 속(俗)으로 '방안의 정석'이라고 하는 전형적인 예를 들어 상세히 검토해 보기로 한다. 이러한 정석이 얼마나 둔한가는 여기서 확실하게 이해할 수 있다고 생각된다. 또 고단자 독자를 위해서 '신형' 출현시의 평가·결과 판단법, 거기다 독특한 이론에서 알게 되는 것을 예로 들어 분석해 본다.

이러한 예제(例題)에서 정석이 지니고 있는 비밀을 벗기고 조금이라도 이해해 준다면 다행으로 생각한다.

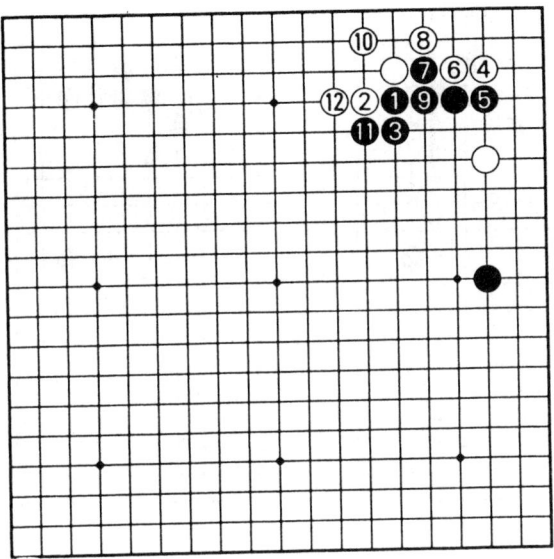

제 1 형 ‘방안 에서의 정석’은 왜 나쁜가 (1)

정석은 원래 우열없는 바둑에서 유래된 것이다. 그런데　때로는 ‘이건?’하고 생각되는 ‘정석’이 없지는 않다.　이른 바 ‘몇 점 먼저 놓고 두는 바둑’이나 ‘방안의 정석’이라고　하는 형이 그것이다. 그 가운데서 두 개를 예를 들어 검토해 보자. 어디에 둔한 데가 있는가, 또 얼마나 나쁜가, 그것을 알게 될 것이다.

우선 제 1 제. 기본도는 흑의 화점에 백의 양‘걸기’에서 생기는 형. 독자도 몇 번 둔 일이 있는 형으로 생각된다.

이 형은 다시 말해 흑이 약간 둔하다. 4 점 이상 놓고 둔 것이라면 모르지만 2 점, 3 점을 놓고 두는 바둑이라면 피해야 할 형이다.

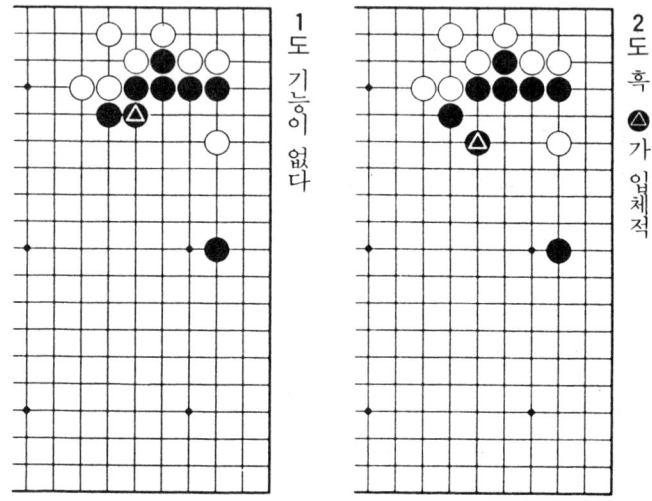

1도
기능이
없다

2도
흑 ▲가
입체적

1도

기본도의 분열을 흑이 싫어하는 것은 형을 보아도 판단할
수 있다. 상변의 백은 하나도 헛된 것이 없는 반면에 흑은 ●
의 한 점이 폐석이다.

서장에서도 말했듯이 이것은 직관적으로 '흑, 갈라졌다'고
하는 판단에 직결된다.

2도

만일 1도의 ●가 본도 ●로 '걸고 잇는' 형이 되어 있더
라면 헛돌 없는 훌륭한 돌이 된다. 그래서 우열이 없다는 것
이다. 이 차이를 우선 염두에 두고 다음에 구체적인 분석에
들어가기로 한다. 그 전에 먼저 1도에 대해서 설명하겠다.

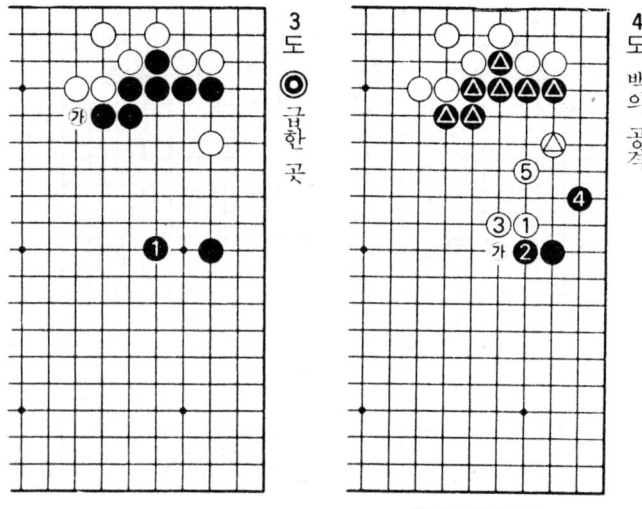

3 도 ◉ 궁한 곳

4 도 백의 공격

3 도

1 도는, 그대로의 흑의 형이 미숙하다. 흑 1 의 '뛰기' 국면에 따라서는 ㉮ 의 '밀기'에서 우변을 부풀어 올려가는 데.

4 도

흑 손을 빼면 1 에서 백 △을 당겨내는 것이 좋지 않다. △의 벽의 돌이 역습당하게 되면 곤란.   또 백 1 로서는 ㉮ 의 방지도 있다.

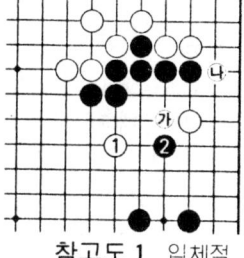

참고도 1 입체적

참고도 i

3 도의 뒤, 백 1 과 흑 2 의 교환이 됐다해도 흑 역시   싫은 형, 백㉮에서의 시작의 기미, 다시 백㉯의 큰 선수 끝내기 등이있어 흑으로서는 괴로운 형이다. 2 도에서는 그러한 고민이 없는 것이 흑의 강세이다.

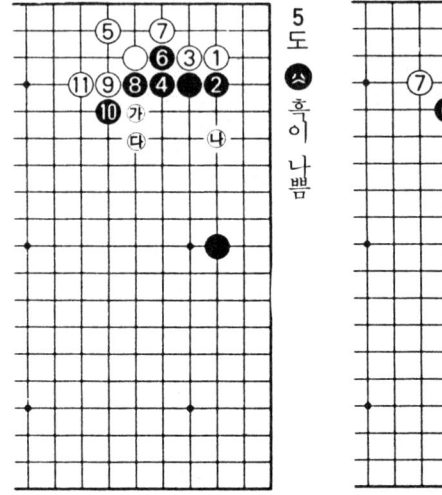

5 도
ⓢ 흑이 나쁨

6 도
손 빼는 정석

5도

그럼 곧 수순을 바꿔 검토해 보자. 지금 백의 '걸기'에 흑수를 빼고 백 1로 3·3 으로 들어왔다고 한다. 흑 2로 누르고 이하 백11까지는 충분히 있을 수 있는 상정도(想定図)이다. 그러나 도중의 흑 6의 시작은 악수. 이 분열에 흑㉮ 백㉯를 가한 것이 기본도의 '정석'이다. 이 교환은 ㉮의 이음이 헛수가 되어 흑이 손해. 형을 보아도 당연 ㉰에 '걸고 이어야' 할 곳이다. 1도, 흑㉮가 직관적으로 보아도 이상하다고 한 것은 이 그림으로 설명하면 확실하다. 흑의 두 개의 악수(6과 ㉮)에서 기본도는 흑이 좋지 않다는 결론이 나온다.

6도

더구나 5도, 백 5에서 본도, 5로 이어, 흑 6, 백 7로 분열되는 형도 흔히 볼 수 있다.

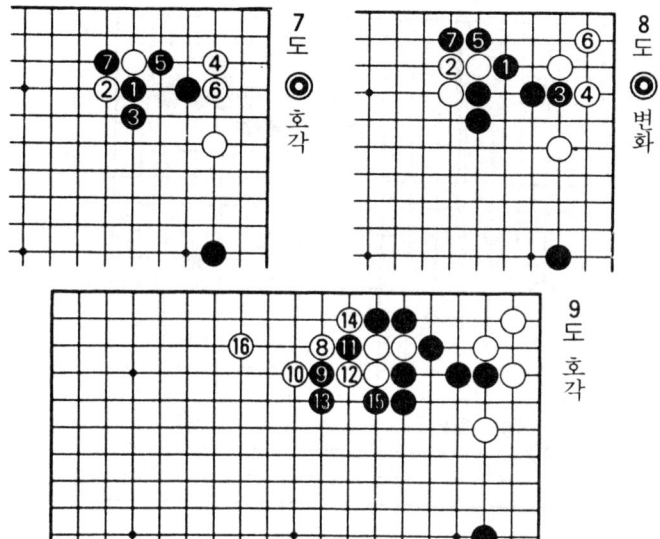

7도
◎
호각

8도
◎
변화

9도
호각

7도

따라서 기본도, 백 4의 뛰어들기에는 본도 흑 5의 누르기에서 백 6, 흑 7의 정석을 취한다.

8도

흑 1에 백 2의 계속이라면 흑 5의 뛰기에서 7로 긴다.

9도

이어서 백 8에서 16까지 진행하는 정석이 바람직한 곳.

10도

백 1의 계속에 흑 2로 내려가는 수가 있다. 백 3의 뒤, 흑㉮의 채우기, 혹은 ㉯ 근처에서 협공해 본다.

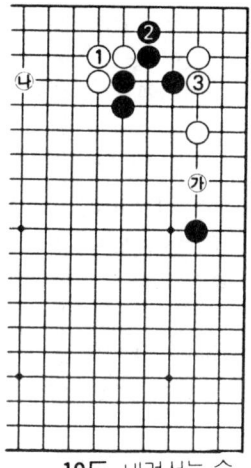

10도 내려서는 수

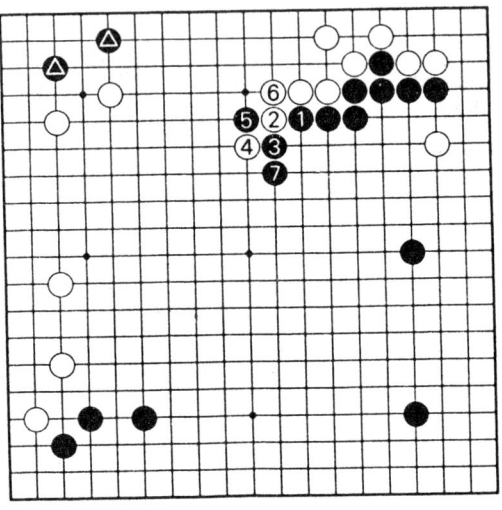

11도

그러나 부분적인 득실보다 전국적인 것이 우선한다. 예를 들면 이런 국면(2점국)이라면 오른쪽 위 귀의 분열은 흑이 나쁘지 않다. 계속해서 흑1에서 3, 7로 나가 있어 흑의 간경한 진행이다. 오른쪽 위, 일대의 백모양을 ●의 두 점이 없애고 있기 때문이다.

참고도 2

11도, 흑1에서의 「밀기」가 쌍방의 초점이다. 이것으로 우변 흑1을 치는 것은 백2의 날일자 절호점으로 되어 두지 않는다.

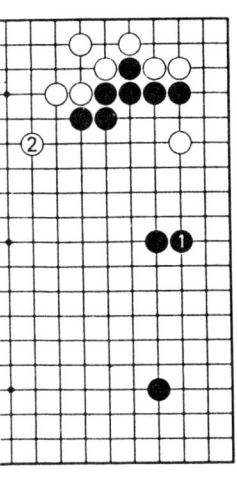

참고도 2 흑 모양이 크다

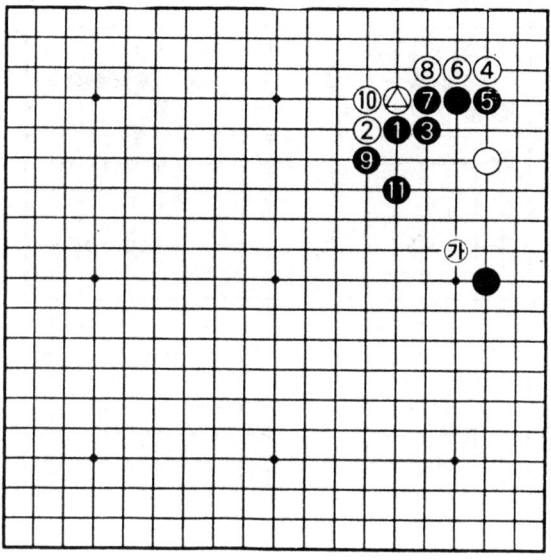

제 2 형
'방안에서의 정석'은 왜 나쁜가(2)

두 번째는 본도(本圖). 흔히 정석책에는 우열없는 헤어짐이라 하여 소개하고 있으나 부분적으로는 흑, 확실히 둔하다. 역시 접바둑 전용의 「정석」으로 우선 프로끼리의 대국에서는 나오지 않는 그림이다.

△의 「높은걸침」은 흑 1 로 붙인데서 출발. 이하 흑11까지. 접바둑이라면 그 뒤 백 ㉔로부터 진행할 것이다. 그럼 이 흑의 분열이 왜 둔한가를 검토해 보자.

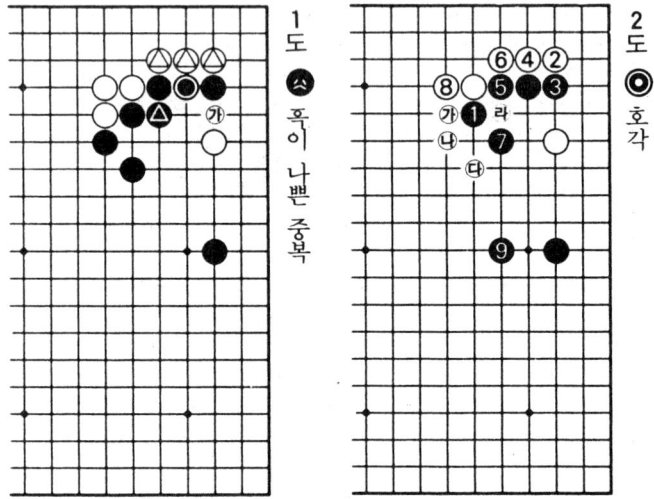

1 도 　黑 이 나쁜 중복

2 도 　● 호각

1 도 기본도의 분열을 바로 본다면 역시 직관적으로 흑의 부자연스러운 형이 마음에 걸린다. 우선 예에 따라 ▲의 한 점이 빈 삼각의 우형. 그리고 ◉의 한 점이 △의 세 점의 벽에 붙어 있는 느낌을 준다. 할 수 있다면 ㉮ 근처에 있는 쪽이 낫다.

2 도 또 하나의 정석과 비교해 보자. 같은 형에서 흑 1의 「붙이기」에서 곧 백 2로 들어가는 변화이다. 이하 흑 9까지는 정석. 이 그림이라면 우열이 없다. 흑에도 불만이 없기 때문이다. 1 도는 이 그림에 백 ㉮, 흑 ㉯의 교환을 가하여(여기까지 그치게 하는 것은 백이 약간 나쁘다) 다시 흑 ㉰로 대비하여 흑 7의 돌을 ㉱로 이동시킨 형이다. 말할 것도 없이 흑 ㉰의 일착은 불필요. 한 수 쉬는 것에 가까운 악수이다. 흑 7의 방향은 좀 미묘하지만 흑 ㉰의 1착이 지나쳐서 명백히 1 도 쪽이 못하다.

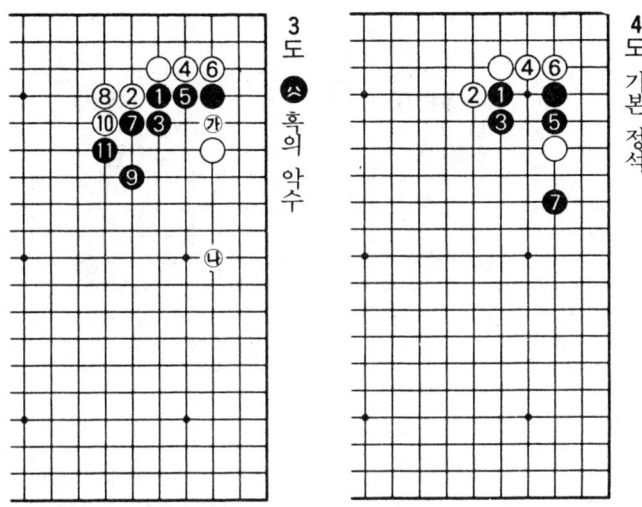

3 도 다른 결과 판단도 를 보자.

혹의 소목(화점이 아닌 것에 주의)에 백의 1 칸 협공에서의 진행이다. 혹 1, 3 의「붙여 뻗기」는 정석. 다음에 백 4 로 뻗어 들어갔을 때 혹 5 의 연결이 악수다. 여기는 당연히 ㉮ 로 두어야 하는 한 수의 자리. 백 6 으로 기어들어온다면 이 분열은 이미 혹의 큰 손실형. 그 뒤, 혹 7 의 구부림은 본래는 악수. 백 6 과 귀를 침략당하여 혹이 뜨는,무척 괴로운 수를 당한 형이다. 혹 9 도 약간 핀트가 빗나간 수.여기까지 오면 혹 10 이라도「밀기」로 칠 수밖에 없는 형이다. 백 10, 혹 11 의 교환은 약간 백이 나쁘다. 이 그림에 혹 ㉯ 를 가한 것이 기본도 이기 때문에 결과는 명백하다.

4 도 이것이 이 경우의 바른 정석. 3 도와의 차이는 확실하다.

152

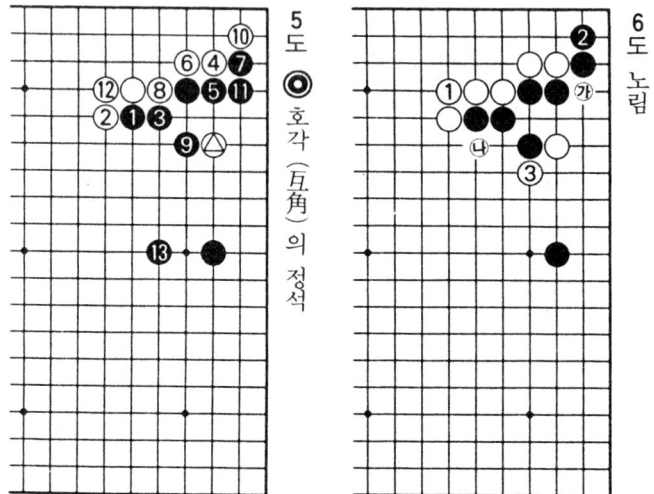

5도 이상으로 기본도가 얼마나 나쁜가를 알게 되었을 것이다. 따라서 흑으로서는 본도, 혹 7 의 「뛰기」에서의 정석을 채택할 것이다. 흑13 의 대비는 △의 한 점의 책동을 막기위해서도 미리 1 착을 바라는 곳이다. 그것이라면 우열이 없다. 다만 이 변화는 접바둑의 핸디가 있는 경우 벽으로부터 겨누고 오는 수가 있어서 주의가 필요하다.

6도 즉, 5 도의 백10으로 백 1 로 이어 ㉮의 표적을 남겨 놓는다. 흑 2 로 내려가면 백 3 으로 뛰어서 간다. 백 ㉮의 시작에서 ㉯의 헛채우기를 보고 있는 것으로 흑도 대응이 어렵다. 힘의 핸디가 있으면 흑이 속을 가능성도 없지는 않다.

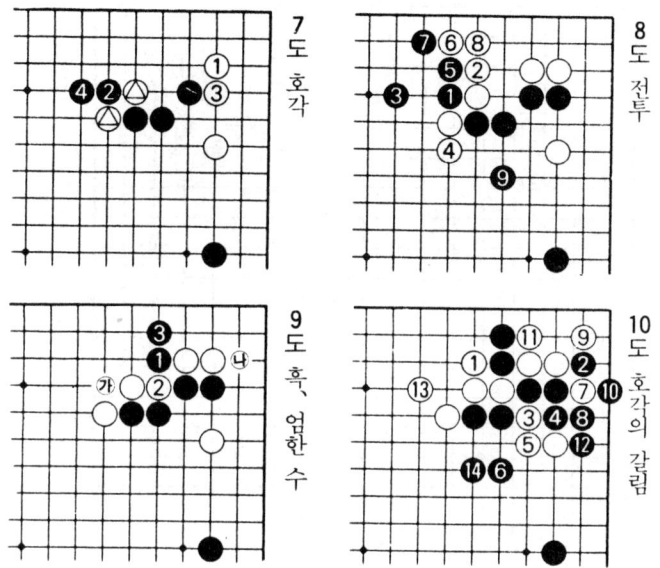

7도 백 1 의 3·3 에 흑 2 로 끊는다면 간명. 백 3, 흑 4
로 알기 쉬운 진행이다. △의 두 점을 끊어 흑은 불만이 없을
것이다.

8도 흑 1 에서 끊는 수도 있다. 백 2 의 「내려가기」에 흑 3
의 「뛰기」가 요점. 이하 흑 9 까지 싸움이지만 접바둑의 경
우에는 초반부터 백을 싸움에 끌어 들이는 것이 흑으로서는
유리하다.

9도 같은 발상으로서 흑 1 로 이쪽을 뛰는 수도 있다. 백
2 에 흑 3 으로 내려가서 다음에 ㉮와 ㉯를 보게 한다.

10도 계속해서 백 1 로 누르면 흑 2 의 「뛰기」. 백은 3 으로
끊고, 7, 9 로 귀를 탈환하지만. 이하 흑 14까지, 형이 정
해지고 흑 충분히 칠 수 있다. 두려운 듯이 보여도 변화는 의
외로 적어 외길의 진행이다.

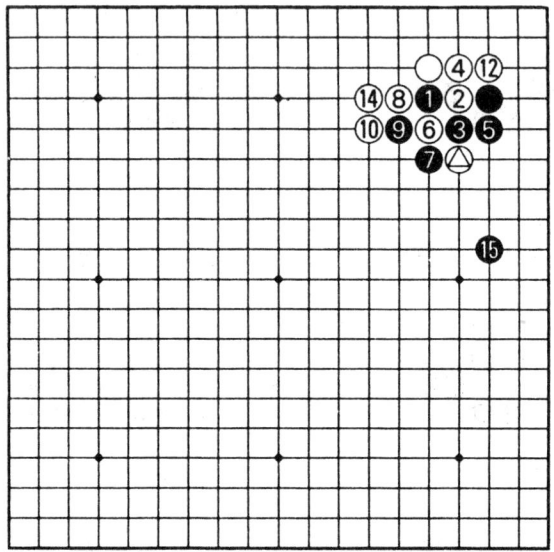

제 3 형
흑이 나쁘다고 보는 대사(大斜) 정석의
손실은 어느 정도

　대사 정석은 변화가 많은 곳에서는 「사태형」과 쌍벽이 되는
것. 그 중에서 잘 알려진 기본형을 골라 그 결과를　검토해
보자.

　기본도는 ⬳의 대사 「걸기」에 흑 7 에서　9 로 「맞댐」. 이하
흑15의 거리 두기까지가 정석. 이 정석, 어느 쪽이라고 하면
백의 대사의 도전을 피한 수법이지만 종래로부터 약간　백이
좋은 분열이라고 되어 있다. 그럼 그렇게 판단할 수 있는 이
유는 어디에 있는가.

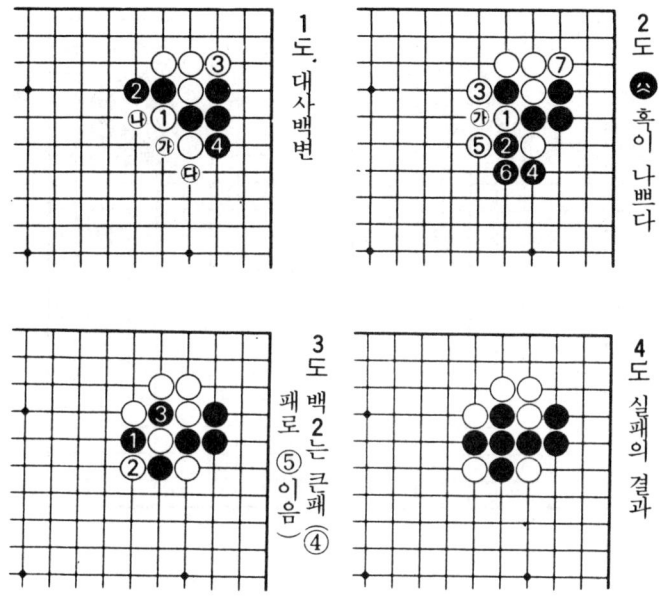

1도. 대사백변

2도 ❀ 흑이 나쁘다

3도 백 2는 큰 패 (⑤이음) ④ 패로

4도 실패의 결과

1도 백 1에 흑 2로 뻗어서 본격적인 대사변화로 나간다. 흑 4의 뒤, 백 ㉮, ㉯, ㉰ 등의 변화가 있는 것을 알고 있을 것이다.

2도 기본도의 수순 중 백 1, 3의 빼기에는 흑 ㉮로 맞대는 것이 중요. 본도 흑 4로 약세를 보이면 백 5의 맞댐을 당하게 되어 이것은 흑의 큰 악수.

3도 흑 1의 「맞댐」에 백 2로 패를 도전하는 것은 우선 무리. 우선 대체적인 패 세우기에는 흑 패를 잇게 한다.

4도 3도의 결과가 본도. 백 분산되어 결과 판단도 못한다. 그러나 3도, 흑 1로 맞대었을 때 백은 곧 2로 패를 도전하지 않고 여러가지 생각하면 공격 수법이 있는 곳이다. 흑도 패의 자료 상황에 관해서는 주의가 필요.

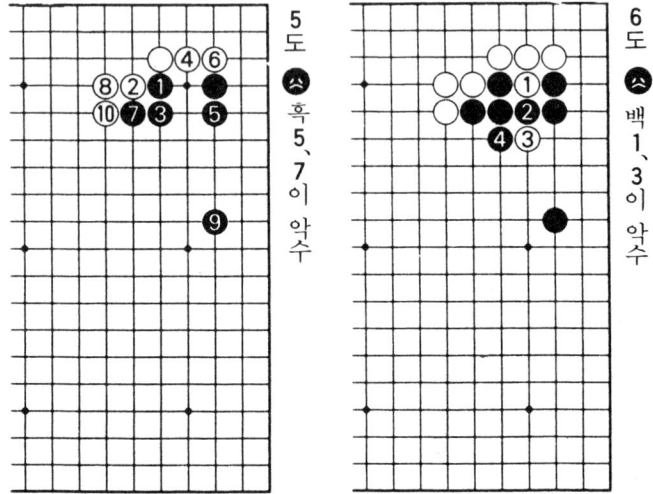

5 도 ⬤ 흑 5, 7 이 악수

6 도 ⬤ 백 1, 3 이 악수

5 도 이제 본제에 들어가서 기본도의 분열을 검토해 보자. 기본도의 순서를 바꾸면 본도처럼 된다. 흑 1, 3 의 「붙여 뻗기」. 화점에서의 「붙여뻗기」와는 달리. 그다지 이용되고 있지 않으나 국면에 따라서 이용되는 수. 백 4 에 다음의 흑 5 가 너무 약체. 여기는 당연 백 6 으로 누르는 한 수이다. 백 6 으로 3 · 3 의 요충을 주어서는 흑 대손실. 이어지는 흑 7 의 곡선도 악수.백 10 까지 이대로의 분열로서는 흑이 너무 나빠서 문제가 되지 않는다.

6 도 5 도에 백 1 의 시작과 백 3, 흑 4 의 교환의 두 개의 악수를 둔 것이 기본도. 5 도, 6 도 흑, 백의 악수를 두 개씩 비교해 보면 흑 쪽이 죄가 무겁다. 5 도, 특히 흑 5 가 결정적인 완착이 되어 있다. 백쪽은 6 도 백 3 의 돌은 아직 활력이 남아 있다. 따라서 판정은 백 약간 우세.

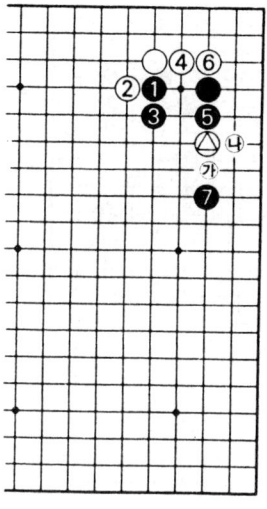

7도
기본형

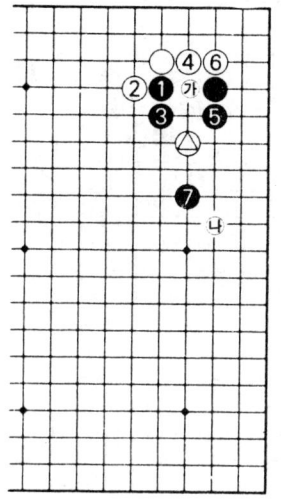

8도
나쁜 모양

7 도 · 8 도

5 도와 6 도의 수순을 참고로 다른 방법을 검토해보자. 그전에 우선 비교하기 위하여 기본적인 그림을 두 개 소개해 놓는다. 7 도 흑 7 까지의 분열과 8 도 흑 7 까지의 분열은 부분적으로 어느쪽이 좋은가.

7 도는 소목에 대한 ⊘ 1 칸 협공으로부터 생긴 기본 정석. 8 도는 ⊘ 의 대사걸이에서의 변화이다. 이 두 그림의 차이는 ⊘ 의 위치에 관계되어 있다. 부분에 관해서는 엄밀히 말하면 7 도쪽이 낫다. 8 도는 ⊘ 가 「외목의 양 엿보기」의 형이 되어 있어 돌의 기능이 약간 죽고 있는데 대하여 7 도의 ⊘ 의 한 점에는 백 ㉮나 ㉯의 움직임이 약간 남아 있다.

그리고 8 도의 수순 중 흑 5 로 6 의 누르기는 백 ㉮에서 출발된 흑이 강하다. 흑 7 은 ㉯ 근처까지 거리를 둘 수도 있다.

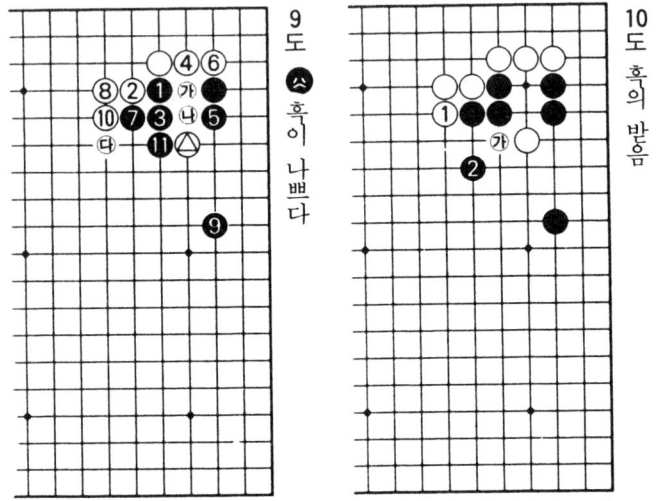

9 도
혹 이 나 쁘 다

10 도
혹의 받음

9 도

7 도, 8 도를 염두에 두고 기본도의 수순을 바꾸어 본다.

본도 ⊗ 의 「대사걸이」에 혹 1 의 「붙이기」에서 백 2, 4, 6 까지는 8 도와 같은 수순. 그 뒤 혹 7 의 「밀기」, 백 10에 대한 혹 11의 응수. 다시 백 ㉮ 혹 ㉯의 교환이 가해진 기본도이다.

이 수순을 정리해 보면 혹쪽은 5 의 완착과 7 의 곡선의 악수와 혹 11의 응수의 손실이 있고, 백쪽은 최초의 백 2 에서 4 의 정석 선택의 문제를 뺀다면 ㉮ 의 「헛채우기」의 악수밖에 없다. 따라서 백이 약간 낫다고 판정할 수 있다.

10도 9 도, 혹 11(본도 ㉮)의 응수에서는 보통이라면 본도, 혹 2 의 「뛰기」로 응할 수가 있는 자리. 혹 ㉮의 응수는 반수 정도 혹이 놓고 있던 형이라고 말할 수 있다.

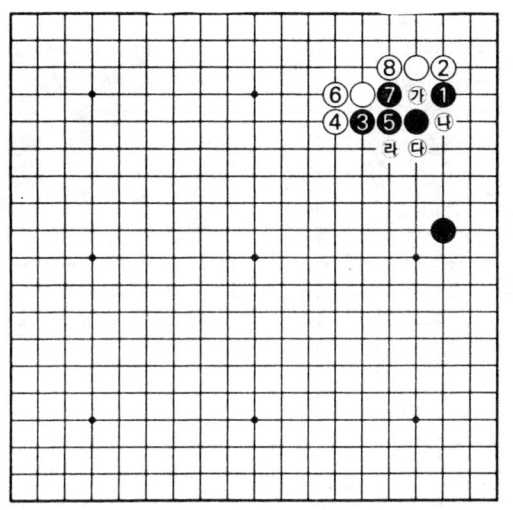

11도 이상으로 이 대사정석의 결과판단은 끝났으나 마지막에 참고로 다른 형, 수순에서 이 분열을 재현해 본다.

본도가 그 수순. 이 형에 백㉮,흑㉯와 백㉰,흑㉲의 교환을 가한 것이 기본도. 수순 중 흑 1은 악수. 3, 5의 '손뺌'도 같다. 7의 시작도 나쁘다. 한편 백은 부호의 교환 2개소가 나쁘다. 그러나 어떠한가. 확실히 이 수순도 기본도로 되돌아 가지만 서로 이러한 악수나 이상한 수가 있으면 약간 판정하기 어려운 느낌이다. 특히 흑 1의 악수는 어느 정도로 심한가, 백㉮의 밀어넣기의 손실은 구체적으로 어떤 영향을 주는가, 하는 점이 평가하기 어렵다. 그만큼 판단에 있어서 애매하게 된다. 결과 판단에 있어서 중요한 것은 될 수 있는 한 명백히 판단할 수 있는 합리적인 형의 수순을 선택하지 않으면 안된다는 것이다. 본도와 9도의 차이를 비교해 보자.

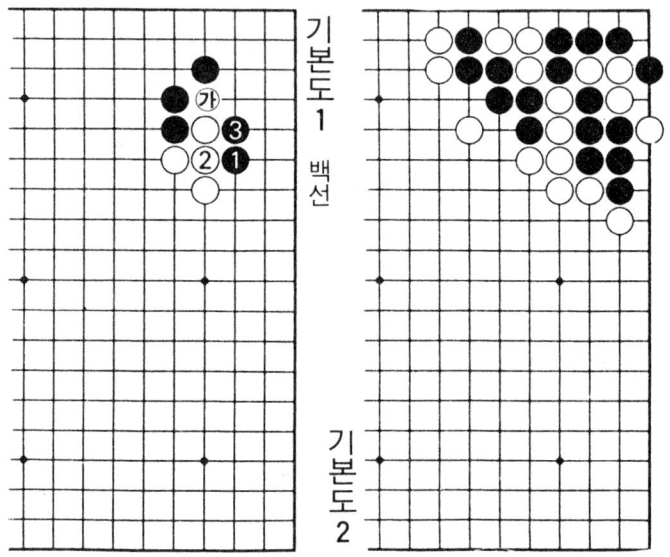

제 4 형   옛날 정석(古定石)에서 생기는 대담한 사석 작전의 효과

사석작전에 있어서 바깥쪽을 누르는 작전은 프로 사이에서 때때로 볼 수 있는 수법이다. 정석 가운데서도 돌을 희생시키고 실리에 대한다 ─. 기본도는 그 하나.   그 결과를 검토해 본다.

기본도 1, 흑 1, 3 은 「바깥 붙이기」 정석으로는 약간 낡은 수법이다. 백은 계속하여 ㉮로 충돌하고 이하 수순을 다한 결과가 기본도 2, 백은 사석을 이용하여 외세를 얻게 되었다. 여기까지의 수순은 길어서 다음 페이지에 소개하겠지만 이 그림을 보고 납득할 수 있는 사람은 제법 정석을 아는 사람이다. 그런데 이 분열의 평가는 ─.

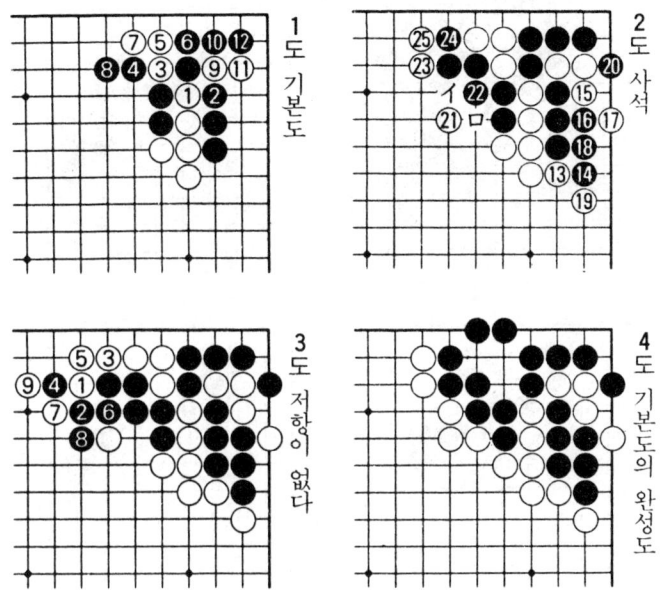

1 도 기본도의 완성까지의 수순이다. 백 1 로 내밀고, 3 으로 바깥쪽을 끊는다. 백 7 까지 두고 다음에 9 로 끊어 들어간다.

2 도 계속해서 백 13 의 「누르기」에서 19 를 선수로 정하고 이번에는 상변을 백 21 에서 23, 25 로 사석작전을 전개, 기능을 발휘했다. 이것이 기본도의 완성. 이 그림을 그뒤 백 ㉮, ㉯ 가 선수로 효력을 나타내고 있다. 수순 중 백 23 의 붙이기가 훌륭한 수. 이 수로 백 24 로 기는 것은 흑 23 에 뻗기를 당하여 백이 갈 수 없다.

3 도 백 1 의 붙이기에 흑 2 로 반발하면 이번에는 백 3 으로 건너가도 된다. 백 7 로 「끊기」가 들어가서 이것은 백 양호.

4 도 2 도의 뒤에 백이 마무리한 형. 결과 판단은 여기부터.

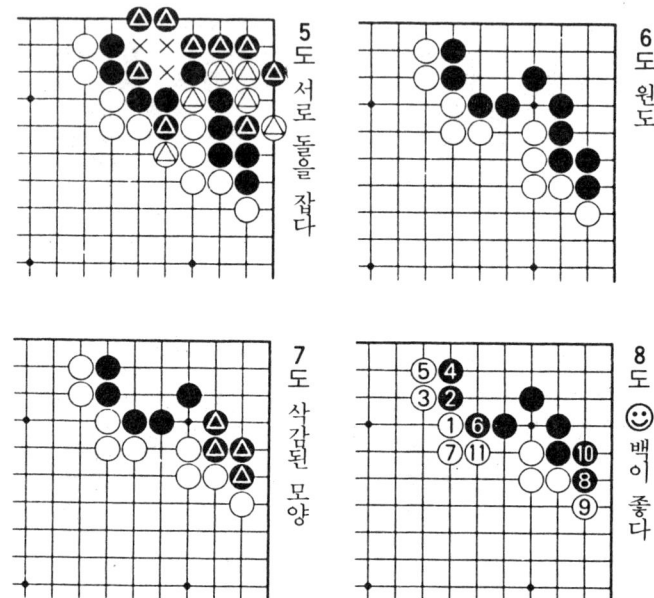

5도 서로 돌을 잡다

6도 원도

7도 삭감된 모양

8도 ☺ 백이 좋다

5 도 4 도에서 쌍방의 필요없는 돌 아홉 개씩을 제거한다. (⬤, △ 표) ×표는 백의 제거한 자리.

6 도 제거한 그림이 본도. 쌍방의 돌 수효는 같다. 이 그림은 백이 낫다. 그러나 이대로라면 곧 검토할 수 없는 형이다.

7 도 6 도의 우측을 약간 바꾸어보았다. 6 도보다 ⬤ 의 기는 것이 적어진 형이다. 뒤는 같다. 이 그림은 6 도· 보다 흑 자리는 줄었으나 백의 두께가 다르다. 따라서 6 도쪽이 본도보다 백이 약간 좋다고 보아도 된다.

8 도 7 도는 수순을 바꾸면 본도처럼 된다. 「붙여 뻗음」의 기본 정석에서 출발. 백은 여기서 1 로 급박한 형. 그에 대한 흑 2, 4, 6 이 속수, 계속해서 흑 8, 10도 변조. 백 11은 충분하다. 이것이 7 도의 결과. 말할 것도 없이 백 양호.

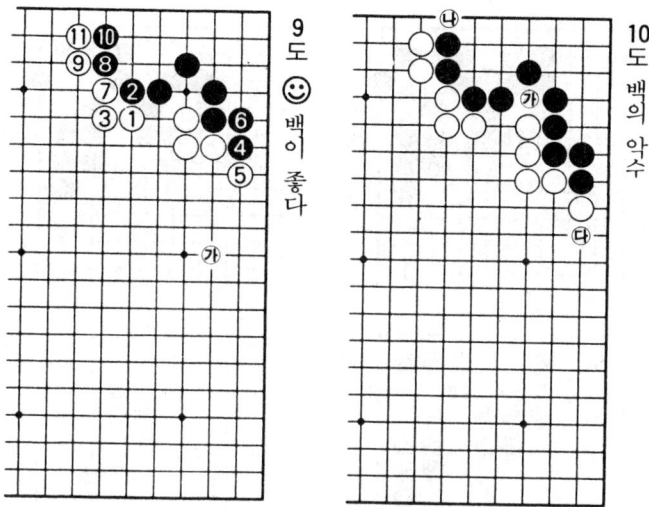

9도 7도를 또 다른 수순으로도 설명할 수 있다. 역시 백 ㉮로 벌려두지 않고 백 1 의「걸기」. 약간 무리지만 전혀 수가 없는 것은 아니다. 흑 2, 백 3은 모두 양호하다고 하고 여기서 흑 4, 6의「뛰어 잇기」는 8도에서 말했듯이 불가한 수. 여기는 흑 9로 날일자하는 한 수다. 그렇다면 흑 충분. 백 7로 이런 좋은 데를「누르기」를 당하면 흑 곤란한 형. 다시 8, 10의「뛰고 내려가기」로 백을 굳히고 손실. 이상의 결과에서 이 분열은 백, 양호라고 단정할 수 있다.

10도 6도를 다시 게재했다. 이상에서 기본도의 분열이 백이 낫다는 것을 설명했으나 구체적인 것은 결과를 판단하기전의 기본도(4도)와 비교해 보아야 하는 곳이 있다. 우선 백 ㉮의 밀어넣기는 악수. 또 ㉯는 4도쪽이 약간 흑이 낫다. 한편 흑 ㉲의「붙이기」는 본도 보다 4도 쪽의 백이 낫다. 이상의 작은 득실을 가미하여 역시 결론은 백이 낫다고 할 수 있다.

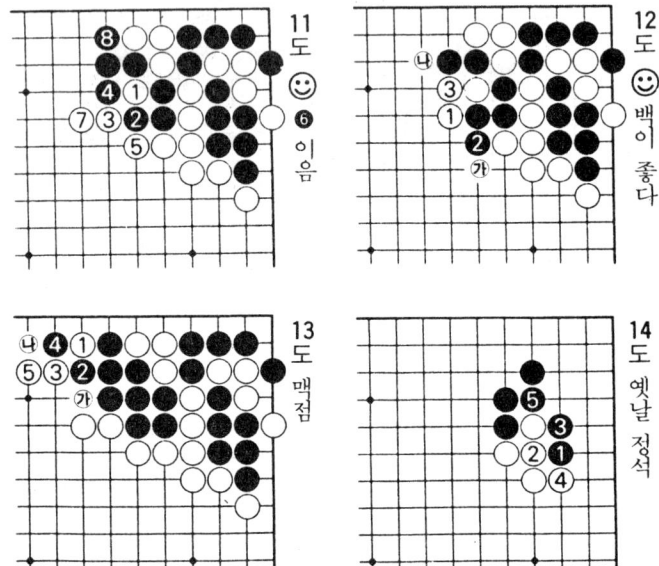

11도 앞의 그림까지로서 기본도의 결과 판단에 대한 검토를 마치겠으나 백은 축이 좋으면 더 좋은 결과를 얻게 되는 수단이 있다. 백3으로 엿보는 수로 백1로 끊고 3으로 감아올리는 요점이다. 백5 맞댐에서 7의 뻗기로 되면 선수로 세력을 얻을 수 있다.

12도 백1의 감아올리기에 흑2로 나가면 백3으로 이어서 다음에 ㉮의 축과 ㉯의 맞보기가 된다.

13도 11도의 뒤 백1의 「붙이기」에서 다시 마무리하는 표적이 있다. 백5까지 ㉮와 ㉯의 맞댐을 남기고 백의 세력은 절대이다.

14도 기본도의 최초에 돌아가서 흑1, 3에 백4, 흑5는 옛 정석. 부분에 대해서 말하면 역시 여기는 백1도 이하의 수법이 득이다. 따라서 흑1이 약간 지나친 것이 된다.

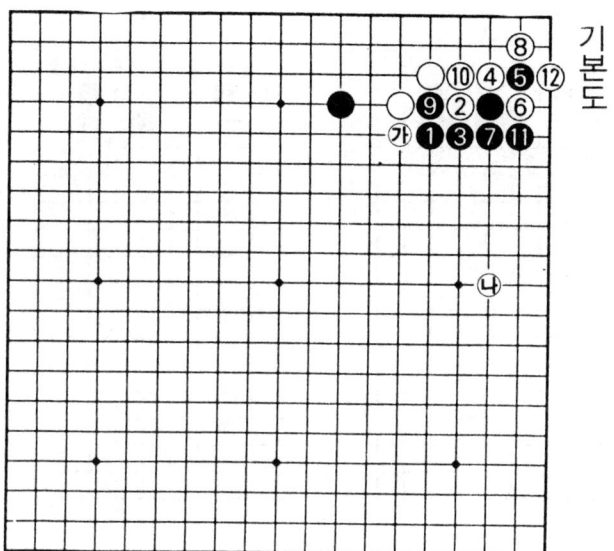

제5형 「가지바라」정석을 벗겨본다.

정석은 나날이 개량되고 창출되어 간다. 이른 바 「신형 정석」이라고 하는 것만 해도 해마다 많은 수에 이르고 있다. 그만큼 정석은 중요한 자리를 차지하고 있다.

그 가운데서도 소위 「가지바라」정석이라고 부르고 있는 1군의 독특한 정석이 있다는 것을 여러분도 알고 있을 것이다. 엄격한 감각에 의해 연마된 개성적인 정석이다. 그 속에서 하나를 채택하여 여기서 그 내용을 검토해 보기로 한다.

기본도가 그 하나. 가지바라 9단 자신이 「위세 좋은 정석」이라고 부르고 있다. 수순 중 흑5의 2단 뛰기가 가지바라 9단의 창안 수. 이 후 국면에 따라 흑 ㉮로 밀어 붙이거나 또는 우변 ㉯ 근처에 벌려 두게 된다.

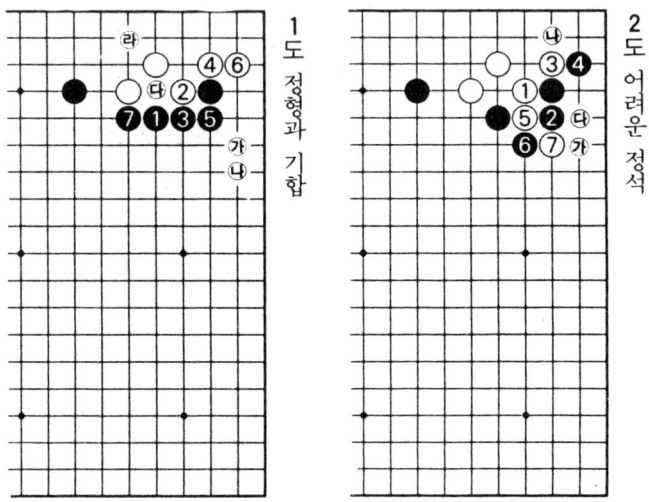

1도 기본도의 「가지바라 정석」이 두기 전까지는 본도, 혹 5의 「잇기」 수가 선택되었다. 혹 7까지 역시 실리 대 외세로 갈라져 있었으나 기본도와는 미묘한 차가 있다. 이 그림은 우변의 혹의 끝이 비어 있어 후에 백 ㉮ 또는 ㉯의 「건너기」 요점을 보이게 할른지 모르고 또 혹 ㉰의 밀어넣기에는 백 ㉭로 받을 수 있다. 이런 것을 싫어하여 연구한 것이 기본도이다. 본도는 아직 형이 완전히 정해져 있지 않은데 대하여 기본도는 두고 있다는 데 특색이 있다.

2도 백 1에 혹 2로 빼면 백도 5로 나와 7로 낳고 나가지 않으면 안되며 풀기 어려운 싸움이 된다는 것을 알고 있을 것이다. 혹은 이 뒤에 ㉮로 맞대어 가든가, ㉯의 맞댐에서 ㉭로 내려가든가, 선택해야 하는 곳. 아뭏든 대형변화로 발전한다.

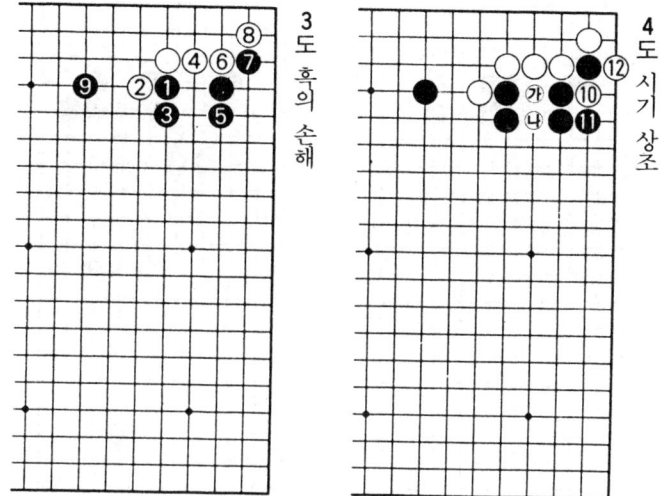

3 도 혹의 손해

4 도 시기 상조

3 도 기본도의 수순을 바꾸면 백의 「걸기」에 혹 1, 3 으로 「붙여 뻗는」 형, 여기서는 어느 수 든 다음의 백 4 의 뻗어 들어가기에 혹 5 의 응수가 완착(緩着). 백 6 으로 누르기를 당하면 보통 좋지 않은 형이다. 계속하여 혹 7 의 뛰기도 악수. 혹 9 의 협공은 미묘하다 이 수만으로는 선악을 구별 못할 것이다. 여기까지 혹이 일방적으로 나쁜 형이지만 그 뒤가―

4 도 우선 10, 12 는 이 단계에서는 시기 상조. 혹 7 의 「뛰기」에 대해 백 10 이 남은 것에 만족하여 손을 빼야 한다.

백 10, 12 의 잡기는 크지만 만일의 경우의 눈모양의 보험으로 생각하고 있으면 된다. 다시 백 ㉮ 와 혹 ㉯ 의 교환이 악수. 백쪽은 손실이 없으나 혹의 바깥쪽의 벽을 두텁게 한 책임이 크다.

이상으로 기본도로 돌아가게 되지만 이런 것을 감안하면 혹 유리하다고 하지 못하나 우선 우열이 없다고 해야할 것이다.

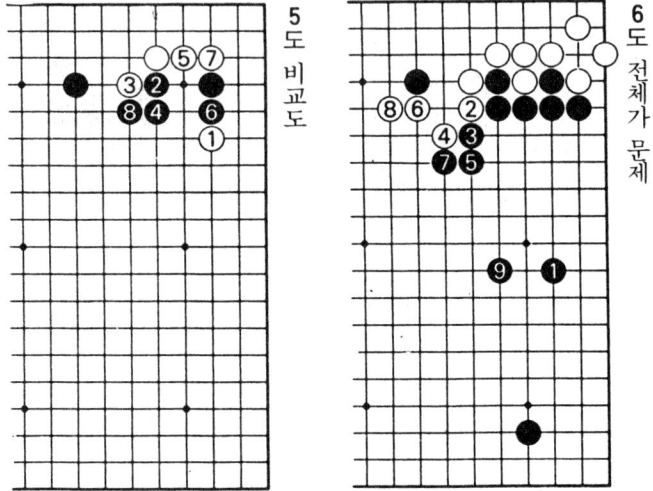

5 도 지금 3 도와 비교해 보는 의미로 흡사한 형의 정석을 내본다.

본도 혹 8 까지 일반적인 기본정석이다. 하지만 3 도와 비교해 보면 형은 흡사하나 실은 의외로 어렵다. 백 1 의 한 수의 유무, 기능의 상태 등이 미묘하여 부분적으로는 간단하게 말할 수 없기 때문이다.

6 도 그런데 기본의 「가지바라 정석」을 채택할 경우에는, 당연 힘이 발휘되는 포석배치가 되어 있을 것이다. 예를들면 본도 같은 돌의 배치라면 그 혹 1 과 우변의 넓은 자리를 점유하여 백 2 의 점은 누르지 않는 것이 된다. 이하 혹 9 까지를 상정하면 우변의 대비에 관해서는 혹 만족일 것이다.

정석은 그 부분의 손실보다 어디까지나 그 활력법에 포인트가 있는 것이다.

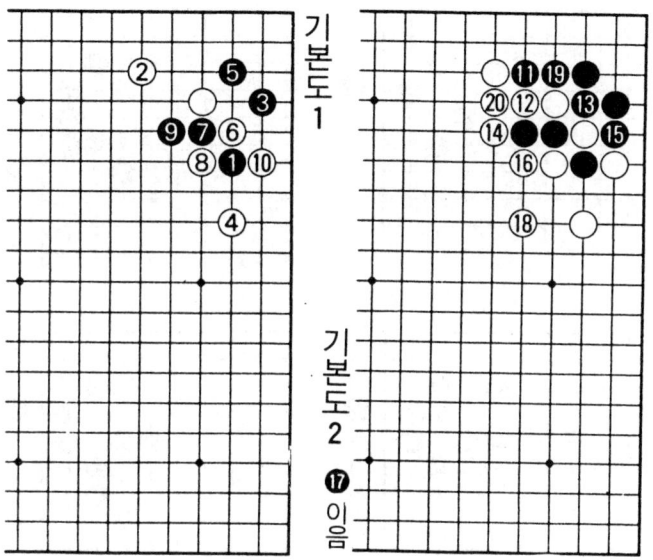

기본도 1

기본도 2

제 6 형 「신형 정석」 탄생의 비밀을 찾는다

앞의 형에 이어서 「신형 정석」을 하나 소개한다.

기본도 1, 2가 그 수순. 백20까지의 결과는 대체 어떻게 해석하면 되는가. 상세한 수에 대한 설명은 다음 페이지에 미루기로 하고 문제의 발단은 백 6 의 대각 「붙이기」에 대하여 흑 7 로 반발한 데서 시작된다. 그리고 도중 쌍방의 여러가지 의혹이 있어서, 아뭏든 신형이 나오게 된 것이다. 프로 고단자 사이에서 근래에 몇 가지 실험된 것도 있다. 그 결과 어떻게 하는 것이 문제인데 거기에 이르는 과정이 재미가 있다.

거기서 우선 이 「신형 정석」의 탄생 비밀을 벗겨보기로 하자.

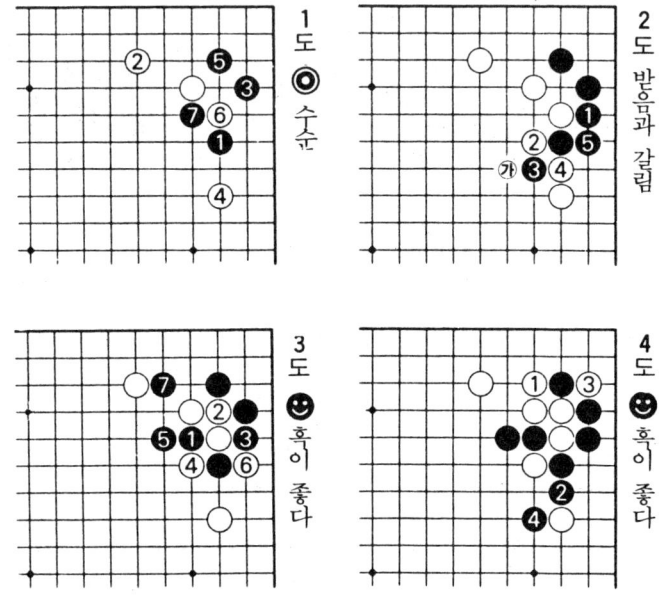

1도 기본도, 완성되기까지의 수순이 어려워 약간 설명을 가한다. 흑 5 까지는 어렵지 않지만 다음의 백 6 에 대한 흑 7 의 「맞대고 들어가기」가 강한 요점. 이 수가 본제의 출발점 이다.

2도 1도, 흑 7 에서 본도, 1 로 응수하면 얌전하다. 백 2 에 흑 3 으로 뛰어 나오고 ㉮의 축 관계가 중요 포인트.

3도 흑 1 의 맞대고 들어가기에 백 2 로 잇는 것은 백이 좋 지 않다. 백 4, 6 으로 끊어도 흑 7 의 「걸기」가 있어서는 안 된다. 이것은 백의 함정.

4도 그렇다고 해서 3도, 백 6 으로 본도, 1 로 「누르기」 를 해도 흑 2 여서 4 로 뛰게 되어 백이 좋지 않은 형. 여기 는 백이 곧 이을 수 없는 곳이다.

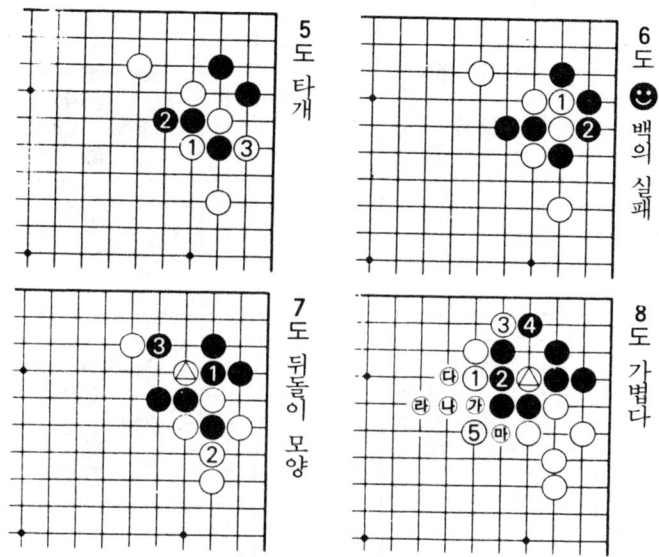

5도 따라서 백은 1로 잘라 들어가서 3으로 「맞댐」해간다. 여기까지가 기본도 2.

6도 이거로서 백 1로 이어지는 것은 흑 2로 복귀되어 3으로 되돌아가게 된다.

7도 여기서 흑 1로 뚫고, 3으로 잡고 있었던 것은 그 이전에 당하고 있던 수. 이래서 흑은 일견 좋게 보이지만……

8도 백 1에서 3으로 뛰는 것이 가벼운 요점. 흑 4로 누르면 백 5로 「걸기」를 한다. ◎의 한 점이 기능이 있어 흑㉮에서 먼저 치기 어려운 것이 백으로서는 자랑. 만일 흑㉮에서 부호순으로 시작해 온다면 백㉺의 깨끗한 「맞댐」이 효력을 내고 백㉲로 뻗어 위의 세 점은 희생시켜도 될 것이다. 또 백 3의 뛰기에 흑㉮의 구부린 것이라면 백 4의 기어들어가기가 선수가 된다. 어느 쪽이든 백 3의 가벼운 요점을 당하게 되는 것이 흑으로서는 괴로운 것이다.

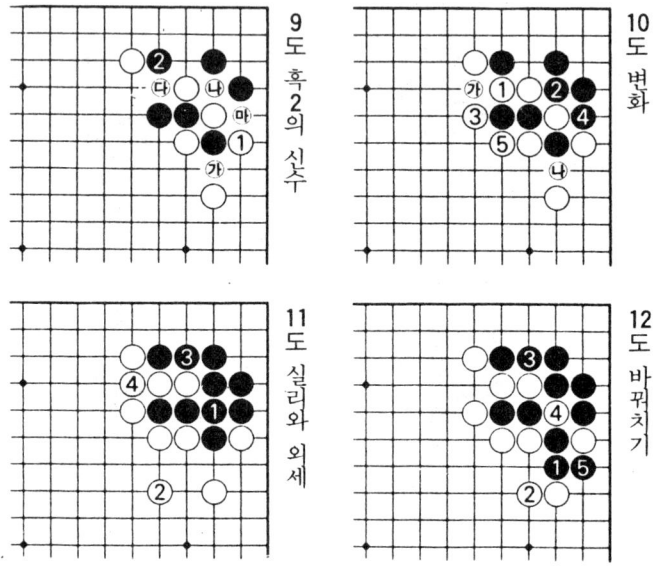

9도 백 1 의 맞댐에 흑 2 로 뛰어붙은 것이 새로운 수. 그 의도는 백 ㉮ 로 빼면서 흑 ㉯ 로 취하지 않고(취하면 8 도 로 돌아가게 된다.) ㉰ 로 응수한다. 또 백 ㉯ 의 「잇기」라면 흑 ㉭ 로 밀고 들어가서 3 도에 돌아가게 되어 흑 양호.

10도 따라서, 백도 1 로 나갈 수밖에 없어 거기서 흑 2 의끊기, 백 3 의 맞댐(흑 ㉮ 가 있어서 백 ㉯ 로 빼고 있을 여유가 없다) 흑 4 빼기, 백 5 맞댐으로 의외의 변화가 생기게 될 것이다.

11도 계속해서 흑 1 잇기에서 백 4 까지 기본도가 완성되었다. 겨우 한 수에서 이렇게 큰 변화가 생긴 것인데 그 이면에 숨겨져 있는 수에 필연적인 의미를 알게 되었을 것으로 본다.

12도 또 앞의 그림, 흑 1 의 「잇기」로 본도, 흑 1 에서 6 까지 변화된 실전예도 있다.

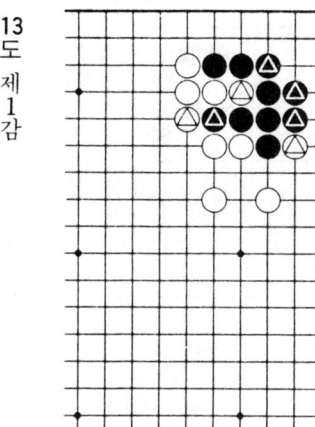

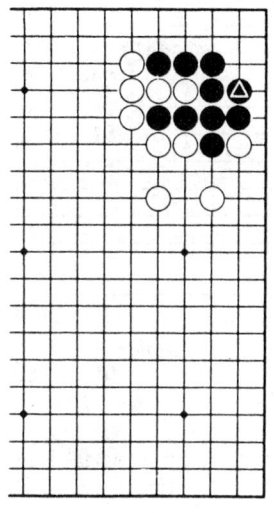

13도

본도는 기본도가 완성된 그림인데 결과 판단을 하기 전에 쌍방의 돌의 모습을 보자. 제 1 감, ● 의 한 점이 울고 있다고 본 사람은 제법 능숙한 사람이다. 프로들도 처음 보는 형을 접하고 보면 우선 그 제 1 감으로 판단한다. 그리고 대체로 그 직감이 들어 맞는다. 하나 하나 결과 판단도를 그려보는 것은 그 직감을 확인하기 위한 것이다. 그런 것은 어쨌든 곧 실제로 결과 판단에 들어가 보자.

14도

쌍방 불필요한 돌 4 점씩 제거해 본다 (백 한 점은 빠지고 없다). 결과는 다음 그림—.

15도

제거한 그림이 이것이다. 수수(手數)는 백이 한 수 많다. 정리한 이 그림을 보고 어떻게 생각했는지. 역시 ● 의 한 점이 헛돌이라는 느낌이 없는지.

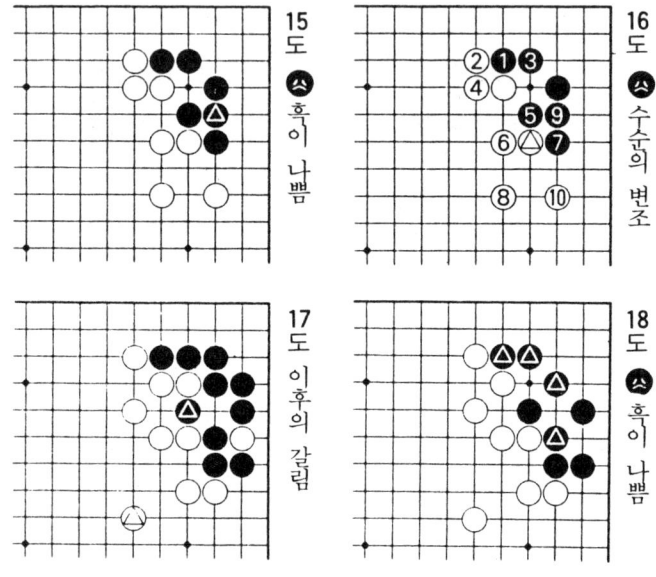

15도 ❀ 흑이 나쁨

16도 ❀ 수순의 변조

17도 이후의 갈림

18도 ❀ 흑이 나쁨

16도

15도의 수순을 바꾸면 ⚠의 '걸기'에 흑 1, 3 으로 붙여 뻗고 그 뒤 흑 5 에서 그 근처를 두고 있던 것과 같다. 백도 8, 10 으로 약간 변조했으나 흑은 특히 9 의 한 수가 헛수. 백 한 수 많은 것을 가미하여도 백이 약간 낫다고 할 수 있다.

17도

12도에서 제시한 또 하나의 변화도도 결과 판단을 해보자. 12도의 뒤 — ● 의 손뺌, ⚠ 의 대비정도 되었다고 해서 — .

18도

쌍방의 불필요한 돌을 제거한 것이 본도. 혹,백 수수(手數)는 같다. 이 그림은 ● 의 기본 정석의 형에 4 수 정도의 수수가 가해지고 있으나 그에 비해서 자리가 증가되어 있지 않다.

제 4 장

실전응용, 이것이
사석 작전이다

이 장(本章)의 포인트

　실전의 전투 장면에서 가장 화려한 것은 사석 작전이다. 그것은 결과 판단에서 보아도 판단하기 쉬운 테크닉이기도　하다. 돌을 희생시키고 외세를 얻거나 빼앗기고 있는 돌을 최대한 활용하기도 하는 것은 바둑의 테크닉 가운데서도　최고로 멋있는 테크닉이다. 그 작전이 성공했을 때는 문득 '해냈다'는 상쾌한 기분이 된다.

　그렇기는 하지만 막상 실전에 들어가게 되면 그것이 좀처럼 잘 되지 않는다. 문득 눈 앞에 소리(小利)에 눈이 가고　돌이 아까와지기도 하기 때문이다. 이것은 아마추어의 공통된 실제상의 고민인지도 모른다.

　이 장에서는 누구나 바라고 있는 사석 작전의 묘를　프로의 실전의 예를 들어서 그것이 결과 판단에서 보아　얼마나 득이 있는가를 구체적으로 검토해 보기로하자.

　아뭏든 흉내를 낼 수 없는 것같은 스케일의 큰 성공의 예는 아니다. 조금 연구하면 누구나 응용할 수 있는 실전의　예를 선택했다. 이것은 꼭 돌을 멋 있게 버리기도 하고, 활용도 할 수 있는 것을 결과 판단에서 보고 얻을 수 있다는 것을　재확인해 주기 바란다.

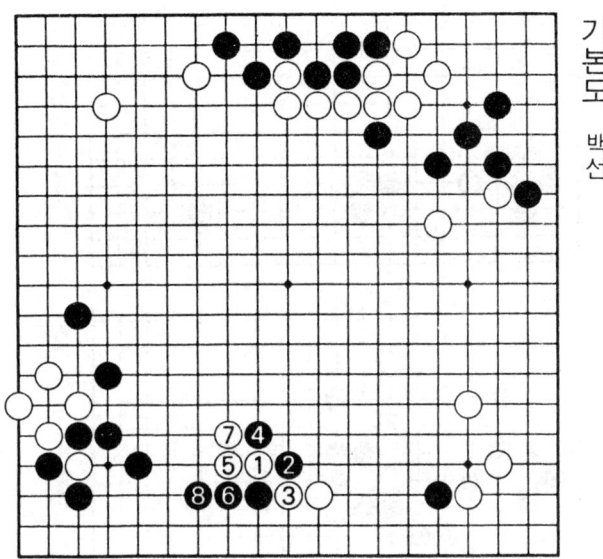

제 1 형
큰 모양을 정리하는 사석 작전의 묘

프로의 실전보에서 채택했다.

지금 백 1 로 붙여 오른쪽 밑의 귀 방면을 넓히고 갔을 때.
흑은 2 로 반발, 4 에서 8 까지 되었다.

이제 다음부터의 백의 수법이 문제이다. 백은 오른쪽 밑의
방면이 유일의 보고(宝庫). 여기를 잘 마무리할 수 있는 작
전을 생각해 내야 한다.

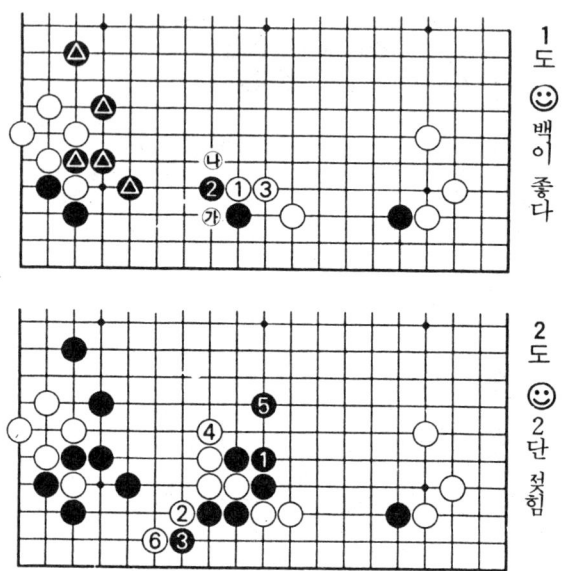

1도

거슬러 올라가서 백1의 '붙이기'에 흑2 또는 ㉮로 응수하면 흑 약기(弱気). 흑이 뒤에 ㉮로 잇거나 ㉯로

참고도 1 ☺ 하변을 파괴

뻗어도 왼쪽 밑의 귀에 돌이 중복된다. 이것은 기본도처럼 ⬤의 외세를 배경으로 반격하지 않으면 안된다.

2도 또 기본도 흑8의 뻗기는 중요. 이수로 본도. 흑1로 연결하는 것은 백2, 6의 2단 뛰기가 있다. 백6에서는 **참고도 1**의 수도 있다.

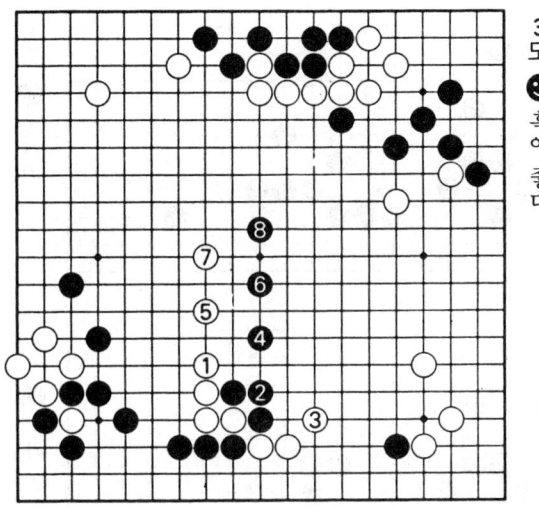

3도

😊 흑이 좋다

3도

기본도의 뒤,백 1로 뻗는 것이 어떤가. 흑 2로 연결되어 백 3의 응수가 어쩔 수 없다. 이하 흑 4, 6, 8로 중앙을 뛰어 나가게 되면 문제이다.

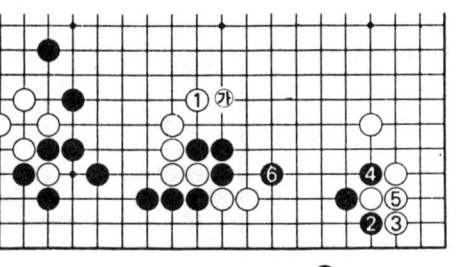

참고도 2 😊 백의 자살

그 뒤 우변에의 돌격이 있게 되어 백 좋지 않은 싸움.

참고도 2

3도, 백 3에서 1 다음 ㉮로 중앙을 치는 것은 흑 2, 4의 기능에서 6으로 덮어쓰고 백 좋지 않은 것은 명백하다.

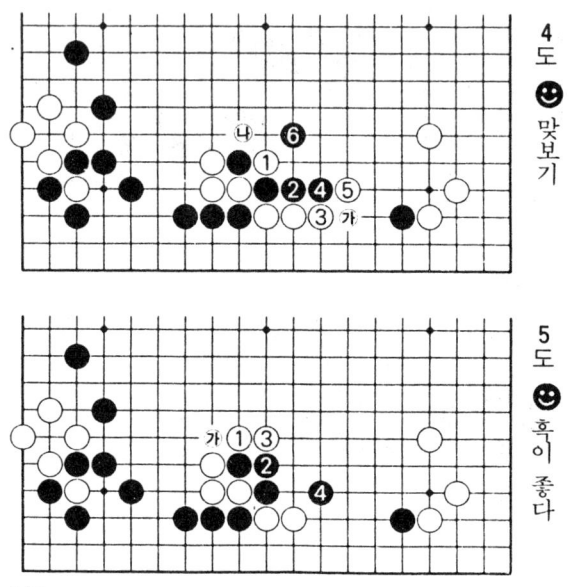

4 도

백 1 로 양 맞 댐을 거는 속수. 흑 2 로 종석(種 石) 쪽으로 도망 하면 백 곤란하 다. 이어서 백 3 으로 뛰면 흑 4

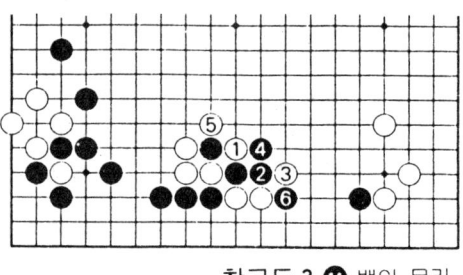

참고도 3 😊 백의 무리

로, 또 '밀기', 백 5 에 흑 6 으로 뛰고 ㉮, ㉯ 를 마주보게 한다.

5 도

백 1, 3 으로 미는 것은 역 요점. 흑 4 로 '걸기'를 당해서 백 좋지 않은 형이다. ㉮ 의 큰 끊기는 남기고 칠 수 없다.

참고도 3 백 3, 5 에는 흑 6 의 끊기가 좋다.

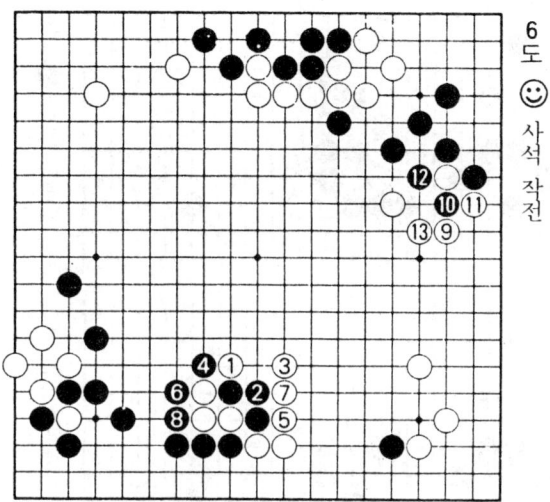

6 도

백 1 로 '붙임'
3 으로 '걸기' 를
하는 것이 이 경
우의 요점. 혹 4
에 백 5, 7 로 3
점을 희생시키고
선수로 졸라, 우
변 9 에 선착.

7 도 ☺ 도리 없다

백은 13으로 3 점을 희생시켜서라도 흑의 등에 두터운 맛
의 기능이 있는 것을 넘보고 있다.

7 도

같이 희생시킨다고 해도 백 1 에서 밀고 가는 것은 속수. 흑
6 까지의 형은 6 도와 비교되지 않는다. 이 뒤의 6 도와 같
이 우변에 백이 돌게 되면 흑㉠가 절호이다.

182

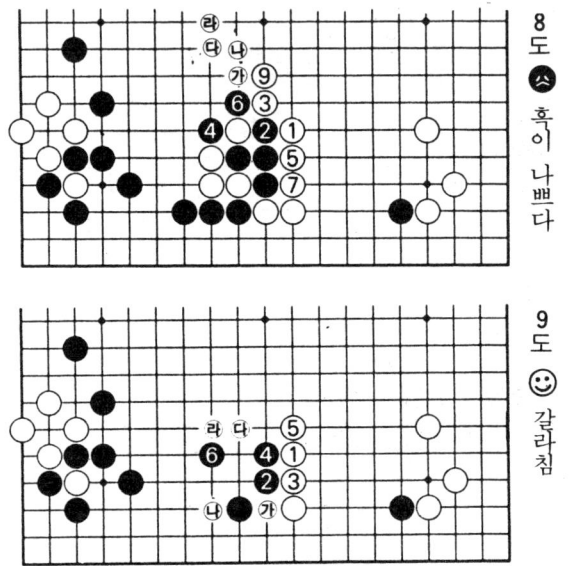

8도 ❀ 흑이 나쁘다

9도 ☺ 갈라침

8도

백 1 의 ‘걸기’에 흑 2 에서 4 로 끊는 것은 속수. 백 5, 7
로 조르고 9 로 뻗어 있어 백 양호. 흑 수를 빼면 다음에
백 ㉮ 의 구부림이 곤란. 그렇다고 해서 백 9 에 흑 ㉮ 의 ‘밀
기’는 백 ㉯ 의 ‘뛰기’, 흑 ㉰, 백 ㉱ 의 2 단 뛰기에 흑 궁하다.

9도

6 도를 결과 판단해 보면 본도, 백 1 의 1 칸 ‘뛰기’(이것
은 생각할 수 있는 수)에 노골적으로 흑 2 로 엿보고 4 로 누
른 형은 말할 것도 없이 흑 2, 4 의 큰 악수. 이어서 흑 6 으
로 이상한 데에 한 수 지키고(한 수 쉰 것과 같다) 거기에 백
㉮ 와 흑 ㉯, 백 ㉰, 흑 ㉱ 를 가한 형이 되었다. 이것들의 교환
도 백은 손실이 없다. 따라서 6 도는 백의 충분한 갈림이라고
결론 지을 수 있다.

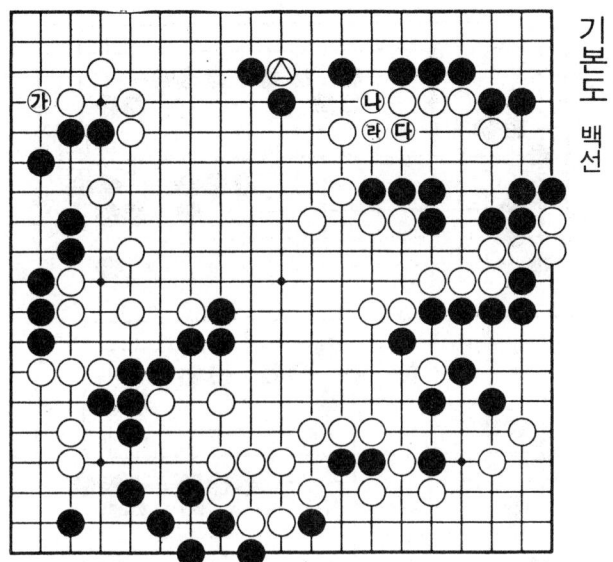

제 2 형
사석 작전을 최대한 활용하는 요점과 발
상이란

지금 국면은 격렬했던 중반을 마치고 종반으로 들어갔다. 형세는 불명, 백으로서는 왼쪽 위의 귀 ㉮의 내려가기 등 큰 수로서·비치고 있으나 뭔가 오른쪽 위의 일대의 백이 엷은 형. 흑㉯에서 ㉰의 끊기나 ㉱의 '붙여 넘기'도 마음에 걸린다. 그렇다고 해서 한 수 지켜 놓을 만큼 여유가 없다. 백으로서는 형을 정리하면서 득을 보고 싶다. 그러기 위해서는 △의 한 점을 어떻게 활용하는가에 달려 있다.

그런데 다음의 수는? 수순 중 포인트는 두 군데. 어느쪽도 △의 한 점으로 하여금 사석 작전을 이용해야 한다.

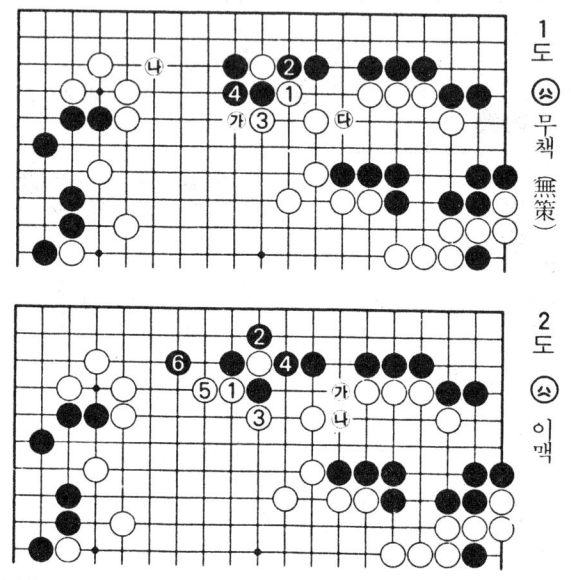

1 도

백 1 에서 3 의 맞댐을 활용한다는 것은 흥미 없는 수법. 흑 4 로 연결, 백은 아무 것도 두고 있지 않다. 그 후 백㉮의 밀기라면 흑㉯로 상변을 뛰어도 백 실패의 케이스.

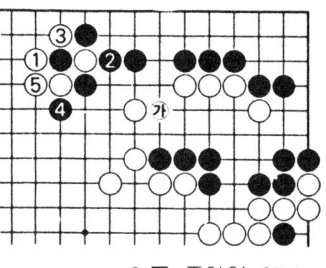

3 도 중앙이 엷다

2 도

백의 단독 끊기는 1 도 보다 좋은 수. 그러나 이거로도 흑 2 로 '안기'를 당하여 백 숨이 끊어지는 형.

3 도

백 1, 3 으로 상변에 힘을 다하는 것은 중앙이 엷어진다. 백 5 의 후 흑㉮로 '붙여넘기'를 당하여도 백 되지 않는 형.

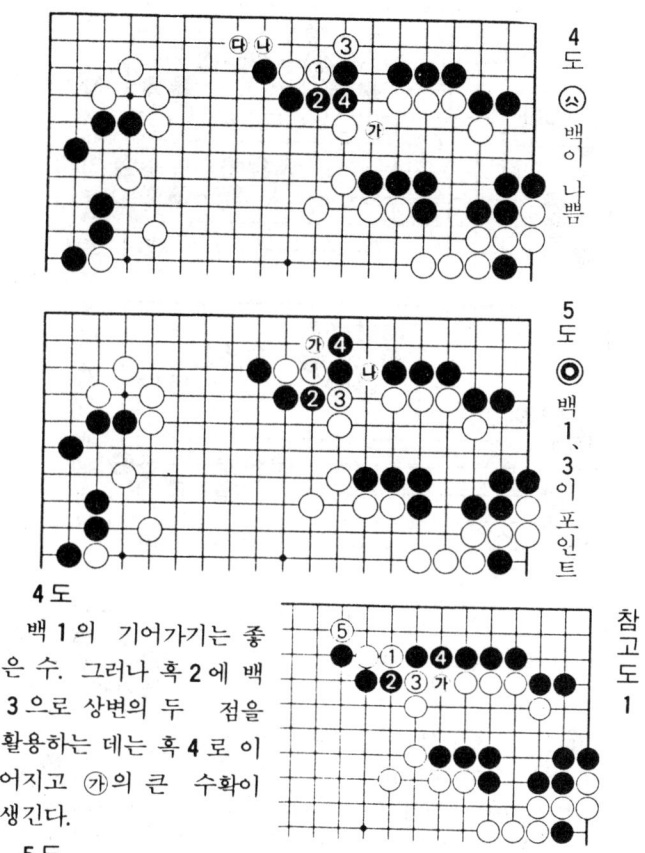

4 도
ⓢ 백이 나쁨

5 도
◎ 백 1、3 이 포인트

참고도 1

4 도

백 1 의 기어가기는 좋은 수. 그러나 흑 2 에 백 3 으로 상변의 두 점을 활용하는 데는 흑 4 로 이어지고 ㉮의 큰 수확이 생긴다.

5 도

백 1 에서 3 으로 끊는 것이 제 1 의 안목. 흑 4 로 굴복시키면 우선 선수로 그 근처의 엷어지는 것은 해소시켜 백 만족. 흑 4 에서 ㉮로 안는 것은 물론 백 ㉯에서 밀어보낸다.

참고도 1

흑은 ㉮의 시작을 보고 4 로 힘을 내고 싶으나 이번에는 백 5 의 뛰기가 있다.

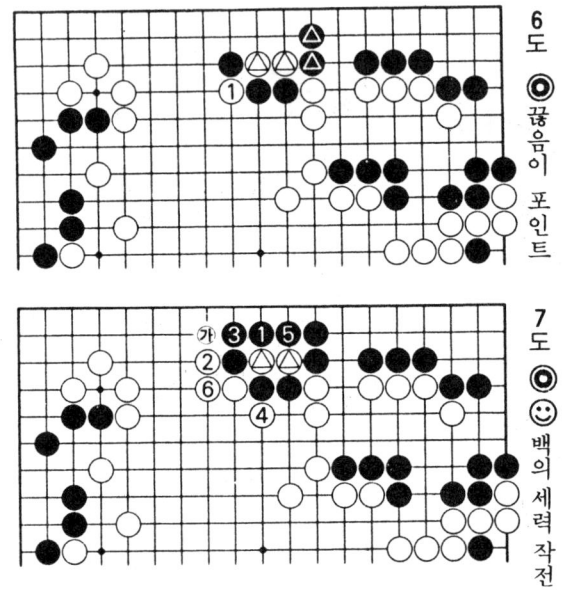

6도

이어서 백 1로 끊는 것이 훌륭한 수. △의 두 점이 ●으로 완전히 빼앗기고 있는 상태에서 끊고 가기 때문에 좀처럼 떠오르지 않는 착상이다.

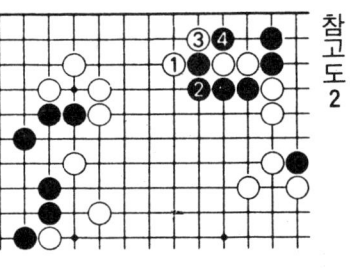

참고도 2

이 수로 참고도 2처럼 두는 건 평범. 흑 4까지 이렇다 할 효력은 없다. 그럼 백 1은 왜 묘수냐—.

7도

흑은 1로 취할 정도. 거기서 백 2로 맞댐한다. 흑 3의 계속이라면 백 4, 6으로 양쪽에서 효력을 낸다. 백은 중앙에 자리 모양이 생기고 또 상변 백 ㉮의 큰 누르기도 있어 만족.

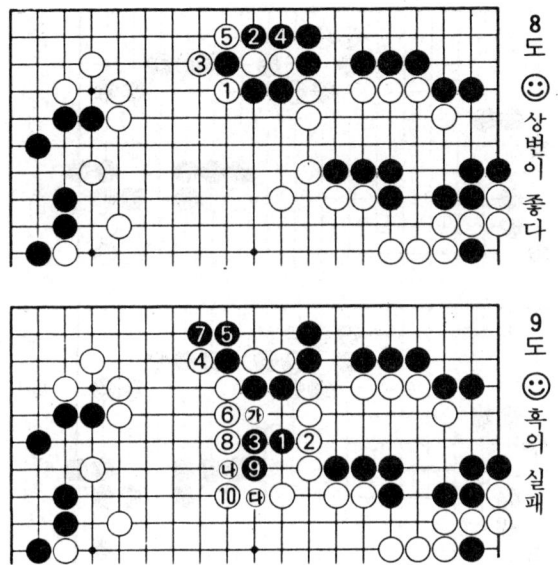

8 도

7 도의 양쪽을 의식하여 백 3 에 흑 4 로 빠지면 백 5 로 맞댐을 하고 내려간다.   3 도와의 차이에 주목할 것.

9 도

흑에서의 저항은 없는가 검토해보자. 흑 1 의 '뛰기'가 좋을 것같은데 여기에는 백 2 로 이어져 있어 좋다.   다음에 백 ㉮가 있어서 흑 3 과 나란히 될 정도. 백은 4 의 맞댐을 활용하여 6. 흑 7 로 큰 것을 구부리면 백 8 의 '밀어올리기'에서 10의 '걸기'가 마무리의 요점. 이 후 백 ㉯, ㉰가 선수, 이것은 백 만족 이상의 분열이다. 이것을 싫어하고 흑 7 에서 8 로 누르면 백 7 의 누르기가 선수다. 따라서 흑으로서도 7 도나 8 도의 갈림은 취할 수밖에 없다. (실전의 진행은 7 도) 5 도에서 여기까지가 백의 일련의 표적이었다.

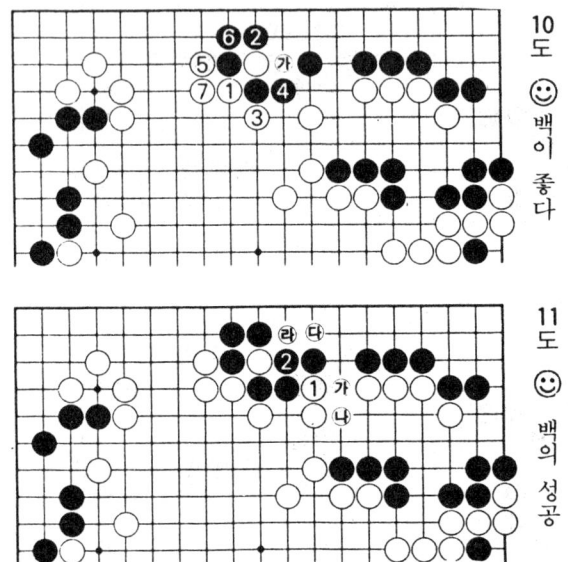

10도 ☺ 백이 좋다

11도 ☺ 백의 성공

10도

7도의 실전 진행을 수순을 바꾸어 말하면 백 1 의 착오, 흑 2 의 '안기', 거기서 백 3 으로 '맞댐'했을 때 흑 4 로 뛰고 다시 백 5 의 맞댐을 두었을 때와 같은 형이다. (백 3, 5 는 역으로도 좋다) 말할 것도 없이 백 의 붙임에는 흑 ㉮ 로 뻗 곳. 백 3, 5 의 양 맞댐을 당해서는 흑 견딜 수가 없다.

11도

다시 이대로의 형으로서는 흑 ㉮ 혹은 ㉯ 의 수가 남아 있는 것에 대해서 백11과 흑 2 의 교환으로 (엄밀히 말하면 백 1, 흑 ㉰, 백 2 의 사살수, 흑 ㉲ 의 두 점 잡기인데 기능은 같다) 그것들의 수도 선수로 막은 것이다. 물론 이 그림이라면 백 1 의 '맞대고 들어가기'는 후수. 흑 2 로 응수할 리도 없다. 여기에 5 도에서 7 도까지의 수순의 묘가 있는 것이다.

```
판 권
본사
소 유
```

알기 쉬운 결과 판단법

2011년 8월 25일 인쇄
2011년 8월 30일 펴냄

지은이/ 小 林 光
옮긴이/ 프로바둑연구회
펴낸이/ 최   상   일
펴낸곳/ 太乙出版社
서울특별시 중구 신당6동 52-107 (동아빌딩내)
등록/1973년 1월 10일(제4-10호)

＊잘못된 책은 구입하신 곳에서 교환해 드립니다.

■주문 및 연락처

우편번호 ①⓪⓪-④⑤⑥
서울특별시 중구 신당6동 52-107 (동아빌딩 내)
전화 / 2237-5577 팩스 / 2233-6166
ISBN 89-493-0324-8   13690

"당신의 바둑실력이 두 배로 는다!!"

최신판!! 프로바둑강좌시리즈

'머리의 바둑'은 '공격을 겸한 방어'이자, '방어를 위한 공격'이다!!